Horeau, Hector

Panorama d'Egypte et de Nubie

1841

Gr Fol 03 b 425

PANORAMA

D'ÉGYPTE ET DE NUBIE

AVEC UN PORTRAIT DE MÉHÉMET-ALI

ET UN TEXTE ORNÉ DE VIGNETTES

PAR

HECTOR **HOREAU**, ARCHITECTE.

Les gravures sur cuivre par HIMELY, celles sur bois par les premiers artistes.

A PARIS

CHEZ L'AUTEUR, RUE NEUVE-DES-PETITS-CHAMPS, 97

ET CHEZ LES PRINCIPAUX LIBRAIRES DE PARIS ET DE L'ÉTRANGER.

IMPRIMERIE BOUCHARD-HUZARD, RUE DE L'ÉPERON, 7.

1841

PROSPECTUS.

Les savants de tous les pays et de toutes les époques ont beaucoup écrit sur l'intéressante vallée du Nil : la connaissance du globe, devenue indispensable aux nations, qui ne peuvent désormais rester étrangères les unes aux autres, les récentes découvertes sur les hiéroglyphes et les intérêts politiques du monde civilisé ont rendu notre siècle extrêmement fécond en publications sur tout ce qui tient à l'Orient et, en particulier, à l'Égypte, où semble devoir se décider une grande question d'intérêt social ; et pourtant ces nombreuses publications modernes n'ont pu satisfaire qu'incomplétement la curiosité générale : en ne joignant pas de gravures à leurs descriptions, elles n'ont transmis que des sensations individuelles au lecteur sur le caractère et sur la physionomie du pays, sensations souvent incomplètes et fausses, par cela même qu'il est indispensable, surtout pour ce pays, de les bien traduire par des mots.

J'ai pensé qu'un ouvrage nouveau, composé d'une suite de vues avec le ton local et accompagné d'un texte descriptif orné de vignettes, présenterait à tous les yeux une idée réelle de l'Égypte et de la Nubie, qu'il offrirait aussi de précieux souvenirs à qui connaît déjà cette intéressante contrée, et qu'enfin il pourrait rendre quelques services aux nombreux voyageurs qui explorent maintenant l'Égypte et la Nubie.

Des dessins faits sur place et de bienveillantes communications de vues daguerréotypées m'ont permis d'apporter une grande exactitude dans la reproduction des merveilles de la vallée du Nil : à côté des gigantesques et sévères monuments des Pharaons, on verra les édifices légers et gracieux des Arabes ; près d'une végétation puissante, d'immenses et d'arides déserts qu'un fleuve providentiel et unique vient féconder après avoir franchi des barrières de granit ; puis, avec les différentes représentations des hommes et des choses, des scènes de mœurs et usages pour identifier, transporter, s'il se peut, le lecteur sur les lieux ; enfin quelques plans et des restaurations des principaux monuments des Pharaons basées sur des données certaines compléteront les idées que l'on aura pu concevoir sur le grandiose et la magnificence des anciens Égyptiens.

Je m'estimerai heureux si cet ouvrage peut contribuer à éveiller les sympathies des hommes éclairés sur cette partie si intéressante et si peu connue de notre globe.

L'Égypte a été le berceau des arts et des sciences ; l'Occident ne doit-il pas aujourd'hui la faire participer aux bienfaits d'une civilisation qu'il y puisa jadis ?

La liste de souscripteurs sera imprimée à la fin de l'ouvrage.

L'ouvrage in-folio sera divisé en 12 livraisons paraissant de deux mois en deux mois.

Chaque livraison se composera de trois planches, qui contiendront de trois à six vues gravées sur cuivre, à l'aqua-tinta, et trois feuilles de texte ornées de dix vignettes au moins.

Chaque livraison imprimée en couleur et retouchée au pinceau coûtera. . . . 25 francs.

Chaque livraison imprimée en sépia coûtera. . . . . 15 francs.

Quatre livraisons sont en vente ; on laisse aux Souscripteurs la faculté de retirer à leur choix les livraisons une à une.

Intérieur de la mosquée du Moristan, au Caire

Un idiot caressé par des femmes

PANORAMA

D'ÉGYPTE ET DE NUBIE

AVEC

UN PORTRAIT DE MÉHÉMET-ALI

ET UN TEXTE ORNÉ DE VIGNETTES

PAR

HECTOR HOREAU, ARCHITECTE.

Femme de la Basse-Égypte

Femme Nubienne

PROSPECTUS.

Les savants de tous les pays et de toutes les époques ont beaucoup écrit sur l'intéressante vallée du Nil : la connaissance du globe, devenue indispensable aux nations, qui ne peuvent désormais rester étrangères les unes aux autres, les récentes découvertes sur les hiéroglyphes et les intérêts politiques du monde civilisé ont rendu notre siècle extrêmement fécond en publications sur tout ce qui tient à l'Orient et, en particulier, à l'Égypte, où semble devoir se décider une grande question d'intérêt social; et pourtant ces nombreuses publications modernes n'ont pu satisfaire qu'incomplétement la curiosité générale : en ne joignant pas de gravures à leurs descriptions, elles n'ont transmis que des sensations individuelles au lecteur sur le caractère et sur la physionomie du pays, sensations souvent incomplètes et fausses, par cela même qu'il est souvent impossible de les traduire par des mots.

J'ai pensé qu'un ouvrage nouveau, composé d'une suite de vues avec le ton local et accompagnée d'un texte descriptif orné de vignettes, présenterait à tous les yeux une idée réelle de l'Égypte et de la Nubie, qu'il offrirait aussi de précieux souvenirs à qui connaît déjà cette intéressante contrée, et qu'enfin il pourrait rendre quelques services aux nombreux voyageurs qui explorent maintenant l'Égypte et la Nubie.

Des dessins faits sur place et de bienveillantes communications de vues daguerréotypées m'ont permis d'apporter une grande exactitude dans la reproduction des merveilles de la vallée du Nil : à côté des gigantesques et historiques monuments des Pharaons, on verra les édifices légers et gracieux des Arabes; près d'une végétation puissante, d'immenses et d'arides déserts qu'un fleuve providentiel et unique est venu féconder après avoir franchi des barrières de granit; puis, avec les différentes représentations des hommes et des choses, des scènes de mœurs et usages pour identifier, transporter, s'il se peut, le lecteur sur les lieux; enfin quelques plans et des restaurations des principaux monuments des Pharaons basées sur des données certaines compléteront les idées que l'on aura pu concevoir sur la grandiose et la magnificence des anciens Égyptiens.

Je m'estimerai heureux, si cet ouvrage peut contribuer à éveiller les sympathies des hommes éclairés sur cette partie si intéressante et si peu connue de notre globe, pour rendre durable et plus prompte la régénération de ce malheureux pays.

L'Égypte a été le berceau des arts et des sciences; l'Occident doit aujourd'hui la faire participer aux bienfaits d'une civilisation qu'il y puisa jadis.

Une liste des souscripteurs sera imprimée à la fin de l'ouvrage.

L'ouvrage in-folio sera divisé en 12 livraisons paraissant de deux mois en deux mois.

Chaque livraison se composera de trois planches, qui contiendront de trois à six vues gravées sur cuivre, à l'aqua-tinta, et trois feuilles de texte ornées de dix vignettes au moins.

Chaque livraison imprimée en couleur et retouchée au pinceau coûtera. . . . 25 francs.

Chaque livraison imprimée en sépia coûtera. . . . . 15 francs.

A PARIS

CHEZ L'AUTEUR, RUE NEUVE-DES-PETITS-CHAMPS, 97

ET CHEZ LES PRINCIPAUX LIBRAIRES DE PARIS ET DE L'ÉTRANGER.

IMPRIMERIE BOUCHARD-HUZARD, RUE DE L'ÉPERON, 7.

PANORAMA

D'ÉGYPTE ET DE NUBIE.

PANORAMA

D'ÉGYPTE ET DE NUBIE

AVEC

UN PORTRAIT DE MÉHÉMET-ALI

ET UN TEXTE ORNÉ DE VIGNETTES

PAR

HECTOR HOREAU, ARCHITECTE

A PARIS

CHEZ L'AUTEUR, RUE NEUVE-DES-PETITS-CHAMPS, N° 97

ET CHEZ LES PRINCIPAUX LIBRAIRES DE FRANCE ET DE L'ÉTRANGER.

IMPRIMERIE BOURGOGNE ET MARTINET, RUE DE L'ARBRE, 7.

1841

MEHEMET ALI.

IBRAHIM PACHA, SOLIMAN PACHA (SEVE) ET LEUR SUITE.

MONTANT A LA CITADELLE DU CAIRE.

MÉHÉMET-ALI ET SA SUITE

MONTANT A LA CITADELLE DU CAIRE.

A LA DROITE DE MÉHÉMET-ALI EST SON FILS IBRAHIM; A SA GAUCHE, SOLIMAN-PACHA (SÈVE).

Méhémet-Ali, qui de simple Albanais a su devenir souverain maître en Égypte, est né l'an de l'hégire 1182 (1769), à la Cavale, petit port de Romélie; jeune encore, il devint orphelin et fut élevé dans le commerce par M. Lion, négociant français. Son activité, sa rare intelligence lui firent obtenir la main d'une riche veuve dont il eut plusieurs enfants; quelques années plus tard, nommé capitaine d'une compagnie d'Albanais qui allaient joindre l'armée turque en Égypte, pour s'opposer à l'occupation française, il y acquit, par sa bravoure, le titre de général des Albanais, et se rendit populaire en se déclarant le soutien des fellahs opprimés, qui le nommèrent gouverneur général de l'Égypte, titre qui lui fut confirmé, le 9 juillet 1805, par un firman de la Sublime Porte.

Dans cette position, Méhémet-Ali avait encore à lutter contre les différents partis qui cherchaient à dominer en Égypte; il sut, avec une rare adresse et une sagacité remarquable, détruire tous les prétendants les uns par les autres : les mameluks étaient les seuls qui lui disputaient le pouvoir; ce corps orgueilleux et brave, quoique affaibli par l'armée française, menaçait sans cesse la puissance du pacha. Ce fut alors que Méhémet-Ali reçut du sultan l'ordre d'envoyer en Arabie une partie de son armée combattre les Whahabys, Arabes schismatiques, qui pillaient les caravanes et s'étaient emparés de Médine et de la Mecque : dans cette position, Méhémet-Ali se détermina à détruire ses ennemis par surprise, et, après avoir séduit par un pompeux accueil et de riches présents quelques-uns d'entre eux, il les convoqua tous, le 1ᵉʳ mars 1811, dans la citadelle du Caire, pour assister à l'investiture de son fils Toussoun, qui allait commander l'armée contre les Whahabys. A un signal donné, les portes se fermèrent, et les Albanais, cachés dans les fortifications, massacrèrent impitoyablement les mameluks, victimes de leur trop grande confiance. Cette sanglante exécution est un malheur dans la vie de Méhémet-Ali; mais, entre lui et ses superbes ennemis, il y avait nécessairement une guerre à mort, et il serait probablement tombé victime de leurs coups, s'il n'eût pris la résolution de les prévenir.

Débarrassé de ces craintes intérieures, Méhémet envoya son fils Toussoun en Arabie; cette première campagne fut sans résultat.

La Porte, qui affermait l'Égypte au plus offrant et dernier enchérisseur, retenait Ibrahim, fils aîné de Méhémet, comme otage et comme garantie des payements et redevances. A son retour de Constantinople, Ibrahim fut chargé d'une seconde expédition, en Arabie; il y déploya une grande ardeur militaire, sans pourtant pouvoir soumettre les Whahabys, soutenus par le fanatisme religieux et protégés par le désert.

Méhémet-Ali fit lui-même une campagne dans l'Hedjas, pendant laquelle Lathif-Pacha, soudoyé par la Porte, paya de sa vie (le 10 septembre 1813) la tentative qu'il fit de le remplacer au Caire; en 1820, il conquit définitivement l'Arabie, le Sennâr et le Kordofan. Son fils, Ismael-Pacha, qui rançonnait trop des habitants du Sennâr, fut brûlé vif par des cheiks qu'il avait offensés. Le defterdar Mahomet-Bey, gendre de Méhémet, vengea cet assassinat par de nombreux massacres, qui cessèrent sur l'ordre de Méhémet-Ali. Celui-ci armait alors à Alexandrie une flotte, donnait à l'agriculture plus d'extension, encourageait le commerce, fondait des fabriques, ouvrait des canaux, protégeait les voyageurs étrangers, et accordait de grandes dignités aux Européens qui s'associaient à ses projets : comprenant qu'arrivé à ce degré de puissance il ne pouvait rester étranger aux lumières qu'il cherchait à importer en Égypte, il se résigna à recevoir, à l'âge de quarante-cinq ans, les premiers éléments de lecture d'une des femmes de son harem. C'est à cette époque aussi qu'il faut reporter ses premiers essais d'armée régulière : cette tentative ne fut pas heureuse, et Méhémet, rencontrant au Caire une résistance qui mettait son pouvoir en péril, fonda un camp à Assouan, près de la première cataracte : cette fois, il réussit, grâce aux soins du capitaine Sève, ancien officier de l'armée française, aujourd'hui Soliman-Pacha.

Méhémet préludait ainsi à son rôle de souverain; la Sublime Porte, redoutant ce pouvoir toujours grandissant, chercha à l'affaiblir, et, en 1824, ordonna à son vassal de prendre part à la guerre contre les Grecs : il obéit et envoya une armée sous le commandement de son fils Ibrahim-Pacha.

Établissement de la marine, à Alexandrie.

Cette coopération eut un résultat bien différent de celui qu'espérait la Porte; elle amena le traité honteux d'Unkiar-Skelessi, fit connaître à Méhémet sa véritable force, et l'augmenta même en lui donnant l'occasion d'exercer ses troupes. La bataille de Navarin détruisit pourtant la flotte de Méhémet; mais il parvint bientôt à la rétablir à force d'impôts de toute nature. Sa marine actuelle, plus belle que la première, est composée de 31 bâtiments construits d'après le nouveau système et montés par 6,000 marins.

Ce fut alors, 2 novembre 1831, qu'il tenta la conquête de la Syrie. Ibrahim-Pacha, généralissime, entra, le 27 mai 1832, après six mois de siége, à Saint-Jean-d'Acre, place réputée imprenable. Le 8 septembre suivant, deux armées musulmanes se trouvaient en présence et se battaient, pour la première fois, à Houms, en bataille rangée; puis à Koniah, le 22 décembre, Ibrahim triomphait : le pouvoir de Méhémet-Ali parut alors à jamais fondé non-seulement pour le sultan, mais encore pour toutes les puissances intéressées dans cette lutte extraordinaire.

Après la victoire de Koniah, Méhémet-Ali pouvait arriver à Constantinople. Le sultan, effrayé, demanda le secours de la Russie; cette démarche désespérée transforma cette contestation tout orientale en question de politique européenne : la diplomatie s'empara des négociations, contint l'ambition de Méhémet-Ali, et, malgré la nouvelle victoire de Nézib et la défection de la flotte turque, celui qui pouvait donner des lois à la Turquie et modifier l'équilibre politique de l'Europe perdit le fruit de ses victoires, et consentit à rester tributaire d'un simulacre de puissance. Depuis, Méhémet-Ali voulut revenir sur ces conventions et secouer ce reste de vassalité; mais l'occasion était perdue, et aujourd'hui on ne peut plus prévoir quelle sera l'issue que peut amener la lutte de tant d'intérêts opposés.

Maintenant, si l'on en vient à considérer ce qu'était Méhémet-Ali à sa naissance et ce qu'il est devenu, on sentira toute l'étendue et la force de son génie : sans aucun antécédent qui pût le servir, sans autre protection que sa rare intelligence, et lorsque le pays lui refusait tout, il trouva tout en lui-même. Méhémet-Ali est un de ces hommes extraordinaires chez lesquels la volonté peut tout : il n'avait ni armée, ni flotte, ni revenus, lorsqu'il devint gouverneur; mais il voulait être fort, et en peu d'années il eut des revenus, une armée, une flotte : nul obstacle ne l'a arrêté dans l'accomplissement de ses vues. Comme tous les esprits vraiment supérieurs, il sut toujours reconnaître le mérite et s'en servir; il recruta, en Europe, des hommes de talent, surtout parmi les Français, et trouva en eux de puissants auxiliaires, ainsi que dans la bravoure et le mérite militaire de son fils Ibrahim.

Oui, Méhémet-Ali a fait de grandes choses! il a tiré l'Égypte du néant dans lequel elle languissait depuis tant de siècles; mais, avouons-le, entraîné par les circonstances, il s'est souvent servi de moyens qui répugneraient à notre civilisation européenne, et qu'un Turc seul pouvait employer : il semble avoir borné ses vœux à faire l'Égypte puissante, sans songer à la rendre heureuse.

Pour augmenter ses revenus, il a d'abord exproprié tous les possesseurs du sol : lui seul possède aujourd'hui, et les malheureux qui cultivent la terre ne sont plus que de misérables serfs, travaillant sans relâche pour leur seigneur. Toutes les fabriques lui appartiennent; toutes sont exploitées à son profit. Il a le monopole de toutes les richesses, et l'impôt dont les pauvres villages sont frappés se prélève d'une manière odieuse : le pacha ne veut rien perdre; les villages sont solidaires les uns pour les autres; et, si la moitié de la population refuse de payer le tribut ou se trouve dans l'impossibilité de le faire, c'est l'autre moitié, la moitié laborieuse et soumise, que la bastonnade contraint à payer le tout. La conscription se fait de la même manière, et il a fallu une grande persévérance pour organiser une armée avec ces hommes fatigués par la misère et qui, en général, sont soldats malgré eux.

Méhémet-Ali a une physionomie vive, spirituelle, agréable; le regard fin, scrutateur, profond : bien qu'il soit septuagénaire, son activité ne vieillit pas; il pourvoit à tout, donne des ordres, reçoit des communications, a l'œil sur toute chose; homme de paix, homme de guerre, il représente à lui seul tout le gouvernement de l'Égypte. L'avenir nous dira si, après les guerres que Méhémet-Ali est obligé de soutenir, il s'occupera d'assurer le bien-être des malheureux habitants de la vallée du Nil. En tout cas, espérons, pour le bien de l'humanité, que les semences de civilisation que son génie créateur et fondateur a jetées en Égypte porteront des fruits durables, et amèneront la véritable régénération de ce pays.

Méhémet-Ali dans le divan des Bains, à Caire.

FRONTISPICE

VALLÉE DU NIL

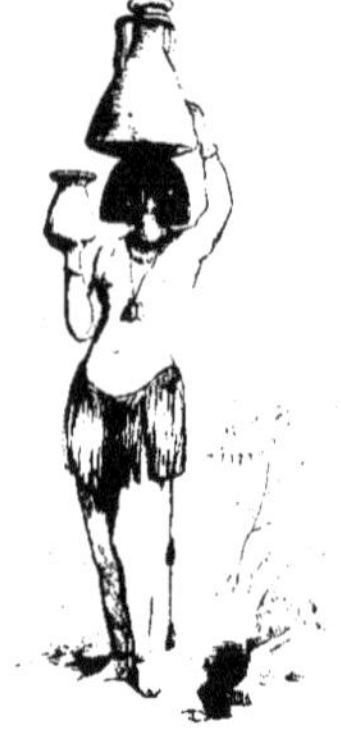

Jamais peuple, au plus haut degré de sa splendeur, ne présenta rien qui puisse être comparé aux merveilles répandues jadis dans la vallée du Nil : douceur du climat, fertilité du sol, sagesse des institutions, tels furent les secrets de la puissance de cet empire d'Égypte que tous les historiens ont placé à la tête de l'antiquité. Suivant la tradition, les villes avaient été bâties par les dieux; les arts et les sciences émanaient de l'Orient, de même que le soleil y avait son berceau ; aussi a-t-on dit, avec raison, que la postérité n'égalerait jamais son antique magnificence.

Et, pourtant, le vieil empire des Pharaons s'est écroulé sous l'ambition des conquérants! Ce pays où le monde, à ses premiers jours, venait puiser l'intelligence, est plongé dans une profonde barbarie! Tel est, cependant, le caractère indélébile de sa puissance, que deux mille ans passés sur sa gloire, entassant ruines sur ruines, n'ont pu affaiblir l'admiration qu'excitent encore ses chefs-d'œuvre : l'antiquaire, le naturaliste, le poète les ont tour à tour interrogés et ont étalé des trésors à nos yeux étonnés; les artistes seuls ont gardé un silence presque absolu sur l'Égypte; ce qu'ils ont publié n'a été gravé qu'à la manière noire; ils ont ainsi jeté, en quelque sorte, un voile funèbre sur le pays du monde où la couleur joue le plus grand rôle : nous avons cherché à lui rendre son aspect naturel; la série de vues coloriées que nous offrons au public retrace les points les plus intéressants de la vallée du Nil, suivant l'itinéraire des voyageurs européens qui ont coutume de remonter le fleuve. Un texte orné de vignettes et placé en regard de chaque gravure parlera, à la fois, aux yeux et à l'intelligence; il décrira les monuments, les villes et tout ce qui peut intéresser les voyageurs; il rappellera les faits les plus remarquables de l'histoire ancienne et moderne, et fera connaître les principaux usages des anciens Égyptiens et des habitants actuels. Les admirables découvertes de Champollion jeune sur les hiéroglyphes lui ont permis de fixer, d'une manière positive, la destination des anciens monuments; nous profiterons avec soin de ses lumières[1].

Dans le frontispice, en regard, j'ai cherché à représenter, d'un seul coup d'œil, les points les plus intéressants d'Égypte et de Nubie.

Au premier plan, on voit une partie de la ville d'Alexandrie, notamment la place et le quartier Franc, près duquel sont les aiguilles de Cléopâtre, la colonne dite de Pompée, les restes de l'hippodrome, la mer, le nouveau port et les lacs qui l'entourent, le canal Mahmoudié conduisant au Nil, une partie du Delta ou de l'île formée par les deux bras du Nil et la mer.

A gauche, près le fleuve et au commencement de l'avenue, est Choubra, où habite ordinairement Méhémet-Ali; plus à gauche, dans les terres, est l'obélisque d'Héliopolis; plus loin, la ville du Grand-Caire, sa citadelle, près le mont Mokattam, touche à la chaîne arabique; de cette citadelle, commence l'aqueduc allant joindre le Vieux-Caire qui est sur le rivage du Nil; près de là, sur les bords du fleuve, sont les îles de Roudah et de Boulaq et la ville de ce nom, où viennent s'amarrer toutes les barques faisant le commerce du Caire; de l'autre côté du Nil et avant les Pyramides, se voit le champ de la fameuse bataille des Pyramides; au commencement du désert, les pyramides de Giseh, de Zaqquarah et de Dahchour, au-dessus desquelles on voit plusieurs villes, le canal de Joseph, la ville de Syout, les ruines d'Abydus, le temple et les portes de Denderah : revenant au Caire, sur la rive Est, on verra les carrières de Mokattam, qui ont principalement servi à construire les grandes pyramides; en suivant cette rive, on apercevra, au-dessus de la voile blanche, les monuments de Beni-Hassan creusés dans le flanc de la chaîne arabique; enfin les vastes et imposantes ruines de la Thébaïde, qui occupent toute la largeur du tableau : celles à gauche

<hr>

[1] L'inscription de Rosette, en grec, en langue et signes démotiques et hiéroglyphiques, est le monument historique sur lequel Champollion jeune lit ses premières découvertes. Il fit, en 1828 et en 1829, un voyage en Égypte où il perfectionna ses premiers travaux; il mourut à Paris le 3 mars 1832, vivement regretté des savants et des artistes.

sont celles de Karnac; on y distingue les pylones, les temples, la grande salle hypostyle, l'obélisque et les portes qui se reliaient aux murs d'enceinte; par-dessus, on voit les pylones, la porte en avant du temple de Khons qui se joignait, par une longue avenue de sphinx, avec le temple de Luxor dont on aperçoit les pylones et l'obélisque restant[1]; de l'autre côté du fleuve on aperçoit les colosses d'Amenoph III, celui du côté du spectateur fut la célèbre statue vocale de Memnon; au-dessous, sont les ruines du Rhamesson et celles de Gournah; plus à droite, est la célèbre vallée des Tombeaux; enfin, en revenant vers les colosses, on voit les ruines de Medinet-Habou et les restes d'un vaste hippodrome; au-dessus et un peu à gauche des colosses, on voit les ruines d'Herment; plus loin, se détachant sur le fleuve, les restes du temple d'Esné; à droite, s'élèvent les deux grands pylones et les ruines du grand temple d'Edfou, à côté desquels sont les monuments de Silsilis, la pierre de la chaîne et les carrières à ciel ouvert qui servirent à la construction des monuments de Thèbes; de l'autre côté du fleuve et au-dessus du Luxor on aperçoit les tombeaux et les ruines d'el Kab, puis Koum-Ombos dont le jambage de porte se détache sur le fleuve; au-dessus est Assouan et la première cataracte, au milieu et en avant de laquelle se détache l'île sacrée de Philœ : c'est à ce premier monument de Nubie que s'arrêta l'expédition française.

A droite, on voit les trois portes et le temple de Deboud, le petit temple à jour de Garthassy, ceux de Taffa, le temple de Bet-Oualli creusé dans le roc, le pylone et le temple de Kalapsché; au-dessus sont la terrasse, la porte et le temple de Dandour, le temple de Ghirché, presque entièrement taillé dans la chaîne libyque, à droite, les pylones et le temple de Dakké, puis les ruines de Korti, Maharraka et d'Asseboua, dont on aperçoit les deux pylones et les deux colosses; enfin et toujours sur la même rive, on voit le petit temple d'Amada qui se dessine en partie sur le Nil : en regard et de l'autre côté du fleuve, sont le temple et le village de Derri, le plus grand de tous les villages de Nubie; puis sur la même rive est la montagne d'Ibrim contenant des tombeaux et sur laquelle est un village et un ancien fort faisant face aux magnifiques temples d'Ibsamboul, creusés tous deux dans le roc et derrière lesquels on aperçoit un petit tombeau dans le désert; en face d'Ibsamboul et sur la rive Est, on voit la montagne Addeh, dans laquelle est creusé le temple de ce nom et au-dessus de laquelle se voit aussi la montagne contenant le petit sanctuaire appelé *Maschakit*; enfin au-dessus sont quelques ruines et Ouadi-Halfa, dernier village avant et près la deuxième cataracte qui termine le fond du tableau; à gauche, dans le désert, on a représenté des trombes, si fréquentes en Nubie, et une partie de la mer Rouge.

Ce tableau est un sommaire des principaux objets que je ferai voir dans la série de dessins que j'entreprends de publier; je me propose de donner, à la fin de cet ouvrage, un frontispice analogue au premier; seulement le spectateur sera à la seconde cataracte et verra les monuments dans le sens inverse à celui où ils sont représentés dans cette vue.

Les Perses, les Grecs, les Romains; au moyen âge, les Sarrasins, et, de nos jours, les mameluks et les Turcs, ont tour à tour pressuré les habitants de la vallée du Nil; plus généreux, parce qu'ils étaient plus éclairés, les Français, conquérants de ce beau pays, y portèrent les bienfaits d'une sage administration et déposèrent, dans leur passage, les germes d'une civilisation inespérée. Aujourd'hui que tous les peuples ont les yeux tournés vers l'Orient et que l'Égypte est devenue, une seconde fois, le centre des plus graves intérêts, faisons des vœux pour qu'elle puise, dans son contact avec l'Europe, les éléments d'une nouvelle prospérité et que, se réveillant enfin de sa longue léthargie, elle puisse renaître à la vie des nations.

[1] Celui qui lui faisait pendant est maintenant à Paris.

Un bateau a vapeur français arrive trois fois par mois de Marseille à Alexandrie; il établit aussi de précieuses communications entre ces villes et les principaux ports d'Orient.

ALEXANDRIE.

Alexandrie, ancienne Naucratis, fondée par Alexandre le Grand, 332 ans avant J.-C.[1], est située sur une langue de terre, entre deux ports de mer; elle a environ deux lieues de tour et est entourée de murs, de bastions et de fossés reliés avec deux citadelles qui dominent les ports[2]; la seule eau potable vient des citernes et du canal Mahmoudié, dont il sera parlé ci-après; elle contient, aujourd'hui, trente mosquées, un arsenal, un palais, une imprimerie, des casernes, des hôpitaux, une douane, un lazaret et une ligne télégraphique établie jusqu'au Caire; il y a aussi un tribunal de commerce, un théâtre, des bains, des hôtels, des cafés, des bazars; c'est le séjour de tous les consuls des nations maritimes; sa population, composée d'Arabes, de Turcs, de Juifs, de Grecs et d'Européens, peut être évaluée à trente mille âmes, sans y compter la garnison.

Cette capitale maritime de l'Égypte est l'entrepôt de toutes les marchandises d'Asie et d'Afrique, sa position géographique en fait une des premières villes de commerce du monde : elle était jadis excessivement riche, et, lorsque le capitaine Amrou s'en empara, l'an 640 de J.-C., il écrivit, dans son rapport au calife Omar II, qu'elle possédait quatre mille palais, quatre mille bains, quatre cents théâtres ou édifices publics, douze mille magasins; ce fut lui qui, par un faux zèle religieux, fit brûler la célèbre bibliothèque d'Alexandrie, fondée par Ptolémée Soter[3].

Quelques monuments épars attestent encore son antique splendeur : la colonne dite de Pompée, représentée ci-contre et qui est aujourd'hui hors la ville, fut élevée, 284 ans A. J.-C., au très-sage empereur, protecteur d'Alexandrie, Dioclétien-Auguste Pillion, préfet d'Égypte, ainsi que le relate l'inscription grecque gravée sur le piédestal du monument. Cette colonne, qui sert de signal aux marins et aux voyageurs dans le désert, fut jadis appelée le Grand-Mât (en arabe *Saoudri*); ce qui fit dire à quelques écrivains, peu scrupuleux sur leurs moyens d'analyse, qu'elle avait été élevée à Sévère (Septime). *Saoudri* pouvant s'écrire par *Sawari*, ils en firent *Seweri*, forme latine de Sévère.

La base de ce monument conserve encore les traces d'un acte de vandalisme qu'un pacha du Caire commença à exécuter vers l'année 1600, espérant trouver des trésors dans les fondations de la colonne; il fut heureusement détourné de ce projet par un ami qui lui fit sentir que la chute de ce monument signalerait à jamais son extrême avarice[4].

La hauteur totale de ce monument est de trente-sept mètres trente-cinq centimètres; le dé de la base a trois mètres quatre-vingts centimètres de large, et le fût de la colonne, qui est d'un seul morceau de granit, a vingt-huit mètres soixante-quinze centimètres de hauteur; son chapiteau, grossièrement travaillé, fait supposer qu'il était recouvert de feuilles de métal[5]. A gauche, dans la vue, on remarque des chiens errants qui se disputent les restes d'un chameau mort; dans le fond, on voit les murs d'enceinte et une des portes de la ville; au-dessus des murs, on aperçoit le sommet de l'aiguille de Cléopâtre dont il sera parlé ci-après, et un des forts élevés par Bonaparte en 1798.

Près de la colonne et au bord de la mer, existe encore l'ancienne nécropole d'Alexandrie; les salles sépulcrales que l'on peut y voir sont taillées dans le roc, et tellement encombrées que l'on y entre avec peine; beaucoup d'entre elles servent d'habitations aux malheureux fellahs. Celle que je représente, et qui est connue sous le nom de Bains de Cléopâtre, est la plus vaste de toutes ; les piliers qui séparaient l'entrée principale des petites entrées ont été brisés : cette salle, décorée de pilastres et de moulures, est taillée en voûte, et donne entrée à trois petites pièces pareilles, contenant chacune trois siéges sur trois de leurs faces. A quelque distance de cette nécropole, on peut encore voir les traces d'un vaste hippodrome.

Les aiguilles de Cléopâtre, représentées sur la planche suivante, sont dans l'intérieur d'Alexandrie, près le quartier Franc : ces obélisques, en granit rose de Syène, sont ornés de trois lignes d'hiéroglyphes sur chaque face, et portent le cartouche de Mœris[6] qui existait douze siècles avant la fondation d'Alexandrie. D'Héliopolis, où Mœris les avait fait élever, ils furent transportés à Alexandrie pour décorer le temple de César auquel ils ont survécu : l'un est debout, l'autre à moitié enseveli dans

---

[1] Dinasque fut l'architecte d'Alexandrie.

[2] L'une de ces citadelles, appelée Pharillon, occupe la place de l'ancien phare, qui passait pour une des merveilles du monde.

[3] Il fallut six mois pour brûler, dans les fours et les bains, les sept cent mille volumes qui composaient la bibliothèque. Cette irréparable perte afflige encore le monde savant.

[4] Voyez *Voyage de M. Brevek*, 1605, page 237.

[5] Bruce, célèbre voyageur anglais, dit qu'il y avait de semblables chapiteaux à Palmyre, à Balbec.

[6] Par cartouche, on entend un ovale contenant le nom d'un pharaon. Par eux, on sait maintenant à quelle époque ont été élevés les monuments sur lesquels ils sont gravés.

3

les ruines; ils ont, de largeur moyenne, deux mètres trente centimètres à la base; le premier a vingt mètres soixante-dix centimètres environ de hauteur et appartient aux Français; il est bien endommagé par l'eau salée de la mer qui, lors du gros temps, vient parfois l'arroser; celui qui est à terre a vingt mètres quatre-vingt-quinze centimètres environ de hauteur et appartient aux Anglais.

Ces obélisques, qui sont des monuments propres à l'Égypte, étaient, pour ainsi dire, des livres perpétuels où les anciens Pharaons gravaient à toujours leurs dévotions aux dieux, leurs noms et prénoms et leurs travaux extraordinaires; ils étaient généralement placés à droite et à gauche de l'entrée des temples[1].

La chute d'une partie du mur d'enceinte permet de voir, dans la vue, une partie du Port-Neuf; au bord de la mer, on aperçoit un fût de colonne; dans le fond est un petit fort moderne construit sur l'ancienne tour des Romains et une partie des murs d'enceinte d'Alexandrie.

Les autres ruines de cette ville, tant de fois conquise et détruite, se composent encore d'anciennes citernes et de morceaux d'architecture que l'on rencontre épars çà et là dans Alexandrie, qui, malgré les nombreux établissements publics qu'on doit à la prodigieuse activité de Méhémet-Ali, n'est encore que l'ombre de ce qu'elle était jadis aux temps heureux des Ptolémées.

Ce qui donne surtout la vie à Alexandrie, c'est le canal Mahmoudié[2], que Méhémet-Ali fit faire par cent mille fellahs arabes des deux sexes, sous la direction de MM. Coste et Massi, ingénieurs français. Ce canal a quinze lieues de long et amène l'eau potable et les marchandises du Nil à Alexandrie. Un bateau-poste a été récemment établi sur le canal Mahmoudié, et permet, lors même que le vent est contraire, d'arriver, en quelques heures, à l'Afté, petit village où le canal se joint au Nil.

Les environs d'Alexandrie sont très-arides : à l'Est se trouvent le lac desséché d'Aboukir et la ville de ce nom, qui est à l'extrémité de la langue de terre sur laquelle est Alexandrie; à l'Ouest est le lac Mœriout, en partie desséché, et aux bords de la mer, à dix ou douze heures de marche d'Alexandrie, la célèbre Tour des Arabes où Bonaparte débarqua avec l'armée de la République française (1ᵉʳ juillet 1798).

Les rues sales, étroites et non pavées d'Alexandrie, ses maisons blanches à terrasses, ses palmiers, ses mosquées, ses minarets et ses pavillons de consuls qui s'élancent dans un beau ciel d'azur, ses chameaux, ses baudets qui sillonnent la ville, et ses bazars où se presse une population de religions, de costumes et de langages si différents; tout cela est tellement étrange, extraordinaire, que le voyageur européen qui a fait une mauvaise traversée en mer se croit, en arrivant à Alexandrie et en retrouvant la santé, appelé à une nouvelle vie dans un autre monde.

La nuit, les étoiles brillent d'une splendeur sans égale, et vous entendez, au milieu du silence, les *muezzins* (desservants) qui, du haut des minarets, chantent ces paroles solennelles : « *Vrais croyants qui pensez au salut, la prière est préférable au* « *sommeil; réveillez-vous; louez Dieu, il n'y a qu'un Dieu, Mahomet est son prophète.* »

[1] Il y a encore huit obélisques en Égypte; dix-huit ont été transportés en Italie, un en Suède, trois en Angleterre, deux en France et un à Constantinople. Voir la *Notice historique sur les Obélisques égyptiens*, par M. Nestor Lhote. Paris, 1836.
[2] Nom du grand sultan d'alors.

Les ânes remplacent à Alexandrie les voitures des grandes villes d'Europe; ils sont très-vigoureux, leur allure est douce; le petit ânier court derrière sa bête; on fait ainsi les plus grandes courses pour les prix les plus modiques.

D'ALEXANDRIE AU CAIRE.

Barque à voiles latines.

C'est à l'Afté que le voyageur, arrivant par le canal Mahmoudié, voit pour la première fois le célèbre et l'ancien fleuve sacré du Nil; de gracieuses barques à voiles latines le sillonnent de toutes parts; le vent du nord, qui est presque constant, permet à la navigation ordinaire de faire huit milles à l'heure contre le courant, et semble vouloir retenir en Égypte ses eaux bienfaisantes[1]. On ne voit à l'Afté que le bras occidental du fleuve; sur l'autre rive est le Delta (île formée par deux bras du Nil et la mer, et ainsi nommée parce qu'elle a la forme de la lettre grecque de ce nom $\triangle$).

Cette vaste plaine, arrosée par de nombreux canaux, est un présent du Nil; elle n'est formée que du fertile limon successivement déposé par ce fleuve; elle passe, à juste titre, pour une des plus riches contrées de la terre et a appelé vers elle une partie de la population de la haute Égypte : quelques villes et de nombreux villages peuplent cette terre privilégiée.

Rosette est la ville la plus importante sur le bras occidental du Nil; son commerce est presque nul depuis que le canal Mahmoudié permet aux marchandises d'arriver aux ports d'Alexandrie, en évitant une navigation sur mer et le passage si difficile des bouches du Nil.

Damiette, seconde ville importante, sur le bras oriental du Nil, est aussi devenue presque nulle depuis le canal Mahmoudié; la végétation qui l'entoure est des plus riches et des plus variées; le lac Menzaleh qui l'avoisine est très-favorable à la culture du riz, qui en est le seul commerce important[2]. Le papyrus, sur lequel écrivaient les anciens, abondait jadis dans ce lac, de l'autre côté duquel est l'ancienne Peluze, où se dirigeait le célèbre canal de jonction entre la mer Rouge et la Méditerranée; ce canal conçu et commencé jadis par Sésostris le Grand (1350 ans avant J.-C.), et dont on voit encore les traces, serait indubitablement exécuté si la paix pouvait enfin régner dans cette malheureuse Égypte[3].

Les autres points importants du Delta sont Mansoure, sur le bras Est du Nil, où saint Louis signa la paix et la reddition de Damiette; Damanhour, à l'ouest du Delta, où Méhémet-Ali a fondé une manufacture de draps; Fouah, au-dessus et sur la rive opposée à l'Afté, où les voyageurs achètent en passant leurs provisions et où il y a une belle fabrique de tarbouchs (bonnets rouges);

Foire de Seïd-Ibrahim.

Seïd-Ibrahim, petit village remarquable par sa mosquée et sa foire annuelle. Cette foire est une solennité religieuse qui dure huit jours; elle réunit des pèlerins, des marchands, des baladins, des musiciens, des danseuses, des filles de joie, qui campent tous sous des tentes plus ou moins vastes et magnifiques et qui, avec des jeux de bagues, des escarpolettes et des boutiques, couvrent toute la plaine et forment une confusion, un bruit, une cohue difficiles à concevoir; le soir, les barques, les tentes et la mosquée sont illuminées.

Le Delta contient encore Saïs qui était son ancienne capitale, l'on y voit les murs dans lesquels, à défaut de montagnes, on plaçait les momies pour ne pas les laisser atteindre par les inondations[4]; Bubaste, à l'Est du Delta, n'est plus qu'un amas de ruines couvertes d'hiéroglyphes qu'on aperçoit de loin en loin au milieu d'un vaste mur d'enceinte; enfin, en remontant les bords du fleuve, on arrive à la tête de l'île du Delta, appelée le Ventre de la vache, où Napoléon voulait fonder une ville, et où Méhémet-Ali a fait commencer, pour le barrage du fleuve, des travaux qui sont suspendus, sinon abandonnés. Au-dessus, sur la rive Est et non loin du Caire, est la célèbre Héliopolis, où l'on voit encore un obélisque debout, ayant un mètre quatre-vingt-quinze centimètres de côté et vingt mètres soixante centimètres environ de hauteur; il a été élevé 800 ans avant J.-C., par le pharaon Osortasen Ier.

---

[1] Le courant parcourt à peu près six milles à l'heure.

[2] Il y eut, près de la ville actuelle de Damiette, une ancienne ville de ce nom où saint Louis débarqua en 1249; il y fut fait prisonnier en 1250.

[3] Diodore rapporte que Néchos, fils de Psammetichus, commença ce canal pour joindre les deux mers; Darius continua sans finir, à cause des niveaux; enfin Ptolémée, deuxième du nom, mit la dernière main, il imagina des portes d'eau (écluses), qui réussirent très-bien, et le canal fut appelé fleuve Ptolémée. (Voir les mémoires de la commission française.)

[4] Le soin que les anciens Égyptiens prenaient d'embaumer les corps et de ne pas les laisser atteindre par le Nil était une très-sage mesure hygiénique.

4

Des débris de sphinx et quelques ruines sont tout ce qui reste maintenant du fameux temple du soleil, décrit par Hérodote comme type des monuments égyptiens. Les autres obélisques ont été enlevés de ces ruines; un est à Rome, un à Constantinople et deux à Alexandrie[1]; près de là se voient encore le rejeton de l'antique sycomore sous lequel on rapporte que la vierge Marie s'est reposée et la fontaine où elle lava les langes de l'enfant Jésus. Enfin, sur la rive Est du Nil, est Choubra, résidence ordinaire de Méhémet-Ali, avec un beau jardin et un kiosque splendide : une belle avenue réunit le Grand-Caire à cette résidence, qui est près de Boulaq, port du Caire, auquel on peut maintenant arriver très-promptement avec un bateau à vapeur qui, depuis peu de temps, fait le service entre l'Afté et Boulaq.

Avant le panorama du Caire, je présente le marché des esclaves ou *Okel des djellabs*.

Rien n'est plus pénible pour l'ami de l'humanité que le marché aux esclaves du Caire; le cœur se serre en voyant de malheureuses créatures vendues par leurs semblables comme des bêtes de somme ou de vulgaires marchandises : le marchand barbare faisant valoir les formes, l'âge et les qualités secrètes d'une jeune esclave à demi nue, et l'acquéreur impassible cherchant des vices de conformation, afin de débattre avec avantage le prix de son semblable : un tel spectacle révolte, et pourtant il est consolant de penser que ces malheureux ne sont point attristés de leur position, l'esclavage les a le plus souvent sauvés d'une mort certaine; et, d'ailleurs, la servitude, chez les Orientaux, n'est autre, suivant le Coran, qu'une protection accordée par le maître à l'esclave.

Ce qu'il y a de plus repoussant dans ce commerce hideux, c'est l'affreuse mutilation que l'on fait subir aux jeunes garçons destinés à garder les sérails des jaloux musulmans : cet acte de barbarie se commet, en général, à Syout dans la haute Égypte, après la traversée du désert; là des hommes misérables, moyennant un léger salaire, font métier de ces mutilations, crime d'autant plus atroce que peu de victimes échappent à la mort... Espérons, pour l'honneur de l'humanité, que ces crimes de lèse-nature, qui ont déjà beaucoup diminué, cesseront bientôt entièrement.

Le prix des esclaves varie selon leur force, leur âge et leur gentillesse, depuis quatre cents jusqu'à deux mille piastres (cent à cinq cents francs); les femmes ayant eu des enfants et les nourrices se vendent moins cher; les prix diminuent sensiblement lorsque le marché se fait dans la haute Égypte.

[1] Les aiguilles de Cléopâtre.

La cour que nous représentons est entourée, au rez-de-chaussée et au premier étage, de diverses chambres et terrasses où l'on voit les plus belles esclaves : celles qui sont blanches viennent de Circassie et de Géorgie; les brunes et les noires viennent de Nubie, d'Abyssinie, du Darfour et du Kordefou : quelques-unes ne manquent pas d'une certaine grâce.

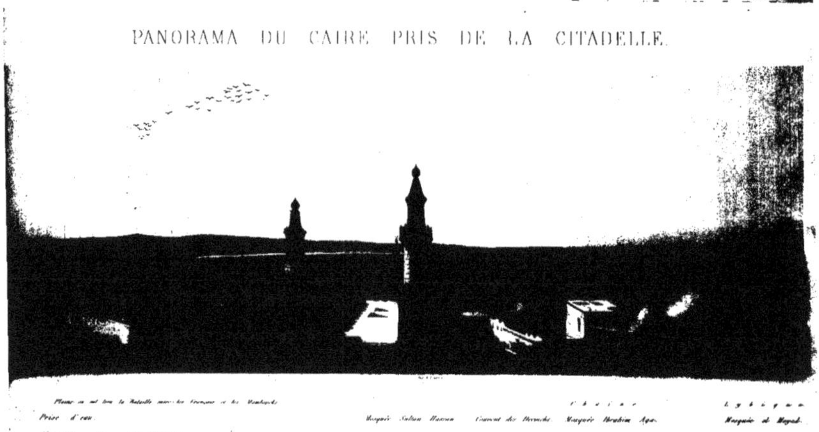

PANORAMA DU CAIRE PRIS DE LA CITADELLE.

PANORAMA DU CAIRE.

Le Caire, appelé par les Arabes *Masr el Kahirah* (capitale victorieuse), est à quarante et une lieues et demie d'Alexandrie et à un quart d'heure de la rive Est du Nil; cette capitale de l'Égypte moderne est en partie construite sur l'emplacement de l'ancienne Babylone avec les restes de Memphis, qui existait sur la rive Ouest, à deux heures au-dessus du Caire : cette ville fut fondée, l'an 359 de l'hégire (970), par le calife Moez, premier prince des Fathimites, qui, s'étant emparé du Vieux-Caire (*el Fostat*) dont il sera parlé ci-après, donna au Grand-Caire le nom *el Kahirah* ou victoire, dont les Européens ont fait *le Caire*.

Le panorama, représenté ici, est pris de la citadelle, sous le télégraphe : cette citadelle, dont je parlerai tout d'abord, domine le Caire; on y arrive par des rampes taillées dans le roc : elle a été fondée par le grand Saladin, près du mont Mokattam, dont elle est séparée par une étroite vallée; elle contient le fameux puits de Joseph ou Youçouf, prénom du grand Saladin, qui fit creuser ce puits extraordinaire : sa profondeur est de quatre-vingt-huit mètres trente centimètres : il contient une rampe pour la descente des bœufs qui, à demi-profondeur, font marcher la roue à chapelet qui va puiser l'eau au fond du puits; un escalier descend de ce premier manége jusqu'au niveau de l'eau, qui n'est, malheureusement, pas très-potable.

C'est dans la citadelle que se trouvent les différentes administrations du gouvernement et le palais de Méhémet-Ali; elle contient, en outre, des casernes, une fonderie de canons, une manufacture d'armes, des ateliers et magasins d'équipement, une imprimerie, une monnaie, une petite ménagerie et le télégraphe qui, en trente-cinq minutes, transmet et apporte les ordres d'Alexandrie. On peut remarquer dans le panorama la grande salle du divan, où l'on arrive par une double rampe, et, plus à droite, une mosquée en construction, dont les colonnes sont d'un seul morceau d'albâtre venant d'une carrière près Benisouef.

Quelques parties endommagées de la citadelle montrent encore les traces des assauts qu'elle a eus à supporter; de nombreuses lucarnes ou ventilateurs, tournés vers le Nord-Ouest, s'élèvent au-dessus des terrasses pour porter la fraîcheur dans l'intérieur des constructions. C'est dans cette citadelle que Méhémet-Ali fit exterminer les mameluks qui lui disputaient le pouvoir : on rapporte que l'un d'eux se précipita du haut des murs avec son cheval et qu'il put ainsi échapper à une mort certaine.

En commençant l'examen du panorama par la gauche (côté de la haute Égypte), on verra une partie du mont Mokattam sur lequel Méhémet-Ali a fait construire un petit fort où l'on arrive par un chemin en pente taillé dans la masse : ce mont Mokattam, qui fait partie de la chaîne arabique, précède les carrières de Thorrah qui fournirent jadis les matériaux nécessaires à la construction des pyramides et dans lesquelles on voit encore le tracé fin et délicat de deux monolithes que l'on devait en extraire; ces vastes carrières furent successivement exploitées par les Pharaons, les Perses, les Lagides, les Romains et le sont encore par les Égyptiens modernes. On peut remarquer, à la base du Mokattam, des parties exploitées à ciel ouvert et des cahutes de fellahs abandonnées; dans le lointain, au-dessus des créneaux de la citadelle et de la vallée du Nil, on aperçoit les pyramides de Zaqquarah situées sur la chaîne libyque au commencement du désert; près d'elles est l'emplacement occupé par l'ancienne Memphis, dont nous parlerons plus tard; au-dessous et près de la citadelle, on voit le cimetière de l'Iman, dans lequel on a préparé le tombeau de Méhémet-Ali et où reposent déjà plusieurs membres de sa famille : en examinant de gauche à droite, on aperçoit dans le fond les fameuses pyramides de Giseh; au-dessous de ces pyramides et près du Nil, on voit le Vieux-Caire ou *Fostat*, qui est l'un des deux ports du Caire. Cette ville, à une demi-heure du Grand-Caire, contient environ trois mille âmes; elle fut fondée, l'an 20 de l'hégire (641), par le capitaine Amrou, qui, pendant qu'il allait faire la conquête d'Alexandrie, laissa sur pied sa tente où une colombe avait fait son nid, ce qui fit donner à la nouvelle ville le nom *el Fostat* ou tente. On voit encore, à l'Est de la ville, la mosquée que fit construire Amrou lors de sa fondation et le quartier cophte, entouré de hautes murailles [1].

Près du Vieux-Caire et à la tête de l'île de Roudah [2], est le Mekias (Nilomètre), puits ou citerne carrée, ayant dans son milieu une colonne avec des divisions indiquant la hauteur des eaux du Nil : c'est du Mekias que l'on voit si l'inondation sera favorable ou contraire à l'agriculture : l'année est bonne quand les eaux s'élèvent à huit mètres au-dessus des basses eaux; elle est mauvaise si elles restent au-dessous de sept mètres ou si elles s'élèvent au-dessus de neuf mètres.

---

[1] Les cophtes sont les restes du mélange des Égyptiens, des Perses et des Grecs.

[2] Roudah veut dire parterre des fleurs.

[3] Les chiens croissent et multiplient au Caire comme dans toutes les villes d'Orient, n'appartenant à aucun maître et vivant de ce qu'ils trouvent ou de ce qu'on leur donne; ils ne deviennent pas hydrophobes comme en Europe; ils vivent en paix, respectés du musulman, qui, pour eux, se dérange volontiers de son chemin.

Une treille près le Vieux-Caire, dessous passe un atelier en promenade.

L'île de Roudah contient aussi une belle poudrière fondée par Méhémet-Ali, ainsi qu'un jardin à la française qu'il a fait planter. Au-dessous du Vieux-Caire, on aperçoit l'aqueduc qui amène l'eau du Nil à la citadelle : cet aqueduc, construit au XIIe siècle de notre ère, a trois mille huit cents mètres de long; des sakies (roues faisant mouvoir des cordes à pots) élèvent l'eau à quatre-vingt-cinq mètres au-dessus des basses eaux du Nil. A droite et au-dessus du Nil est la plaine d'Embabeh, où, le 13 juillet 1798, eut lieu la fameuse bataille des Pyramides : vingt mille Français y culbutèrent soixante mille mameluks.

Entre le Nil et la citadelle, et sur une longue étendue, on aperçoit le Grand-Caire; des coupoles et de nombreux minarets s'élèvent au milieu de cette curieuse capitale, qui ne contient pas moins de deux cent cinquante à trois cent mille âmes. Le Grand-Caire, entouré de murs et fermé pendant la nuit, renferme environ vingt-cinq mille maisons, non numérotées, divisées seulement en cinquante quartiers, séparés par des portes que l'on ferme le soir et dans lesquels habitent le plus souvent les hommes d'une même nation [1]. Il y a environ quatre cents mosquées, qui sont des chefs-d'œuvre d'art [2], trente églises et chapelles chrétiennes, dix synagogues, douze à treize cents okels (vastes cours et magasins pour le commerce), mille à douze cents cafés, trois cents citernes, soixante-cinq bains, vingt-deux bazars, trois cimetières où sont les superbes tombeaux des califes, de magnifiques fontaines, des écoles, des fabriques, des hôpitaux civils et militaires, une bibliothèque, un institut, un théâtre, des jardins publics, un musée.

Les rues, sans nom, sales, tortueuses et non pavées, sont excessivement étroites, pour éviter la chaleur; elles ressemblent à des couloirs bordés de boutiques et de maisons. On compte environ deux cent quarante rues principales, quarante-six carrefours et quatre grandes places; celle de l'Ezbekieh, qui est la plus grande, est couverte d'eau lors de l'inondation. Le Caire est coupé par un canal nommé *Kalidj*, que l'on ouvre en grande pompe et qui se remplit d'eau lorsque le Nil est arrivé à une hauteur qui fait présager une bonne moisson. Au-dessus de Birket-el-fil et du couvent des derviches [3], est la fabrique de soie fondée par Méhémet-Ali; plus à droite et près le Nil, est Boulaq, second port du Caire : cette ville, à un quart d'heure du Caire, contient environ huit mille âmes; une douane, une imprimerie arabe et une école polytechnique, fondées par Méhémet-Ali, en sont les principaux établissements publics : près de là sont les greniers de Joseph, longue série d'enclos fermés.

En regardant plus à droite, vers la basse Égypte, on voit une partie du canal Kalidj et les magnifiques tombeaux des califes fathimites, qui sont au-dessus du cimetière de Kaïd-bey; au-dessus est Choubra dont nous avons parlé, et le haras fondé par Méhémet-Ali; enfin, à droite, on voit la suite du Mokattam, qui se relie avec celle dont nous avons parlé plus haut. Dans les environs du Caire se trouvent les diverses écoles militaires pour les officiers de ligne, de cavalerie et d'artillerie, celle de médecine, de chimie et vétérinaire, et les diverses fabriques de coton, de toile, de drap, de soie et de papier : tous ces établissements ont été fondés par Méhémet-Ali, et sont, pour la plupart, dirigés par des Français; les guerres que Méhémet-Ali a été obligé de faire se sont malheureusement opposées à la prospérité de ces utiles établissements.

---

[1] Chaque quartier a un chef (*el hara*) qui rend compte, à l'autorité qui le nomme, de ce qui se passe dans son quartier.

[2] Les principales mosquées sont celles d'Amrou, dans le Vieux-Caire, celle de sultan Hassan, construite par lui l'an 757 de l'hégire (1354), celle del Teyloun, fondée par le sultan de ce nom l'an 238 de l'hégire (850), celle d'el Moyed, l'an 830 de l'hégire (1415), dont il sera parlé plus loin, et celle d'el Azhar, etc. Voir le consciencieux ouvrage de M. Coste sur les monuments du Caire, Paris, 1839.

[3] Musulmans réunis en confrérie.

Vue d'une partie du Caire avec de nombreux minarets dans le quartier franc et Mousky, près d'un atelier en [...]

La Mosquée et Mokattam   Mosquée   Cité de la nouvelle Enceinte   Pyramide de Sakharah   Pyramide de nord
Partie d'ancienne enceinte   cimetière de l'Iman   Vieux Caire
Cabanes de Fellah abandonnées.   Murs de la citadelle   Divan de la citadelle   Aqueduc conduisant l'eau à la citadelle

ISLAMISME.

Mahomet, fondateur de l'islamisme[1], naquit à la Mecque l'an de Jésus-Christ 578, cinquante-trois ans avant l'hégire[2] : guerrier heureux tout d'abord, il rallia à lui les Arabes plongés dans la plus grossière idolâtrie; il proclama que *Dieu est grand, qu'il n'y a que Dieu qui soit Dieu*; puis, se constituant le prophète de Dieu, il ordonna aux barbares qui l'entouraient de s'aimer comme des frères et se fit législateur en écrivant le Coran, livre ou code religieux[3].

Le Coran a pour base la morale, l'égalité en religion, la charité et le droit du peuple à être gouverné par l'unité dans l'intérêt de tous; il restreint à quatre femmes la polygamie, jadis si étendue : une dot doit être assurée à la femme en cas de répudiation; l'esclave devenue mère recouvre sa liberté : il veut que la supériorité de l'homme soit une bienveillante protection pour les femmes; il recommande la chasteté du nombril au genou, et défend l'usage fatal en Orient, du vin et du porc; il consacre le jeûne ou carème du Ramazan, pendant lequel les vrais musulmans ne fument ni ne mangent que pendant la nuit; il institue le grand et le petit Beyram, pendant lesquels tout vrai croyant doit suspendre ses travaux, oublier les injures, se réconcilier avec ses ennemis, soulager les malheureux, prier Dieu et festoyer. Le Coran exige encore du vrai croyant cinq prières par jour, le matin au lever de l'aurore, à midi, à trois heures, au coucher du soleil et deux heures après : il doit se purifier, faire ses ablutions et se déchausser avant d'entrer dans la mosquée; c'est toujours en regardant la niche, qui, dans toutes les mosquées, est dirigée vers la caaba[4], qu'il doit prononcer ses prières; au désert, il étend par terre son manteau, sur lequel il s'agenouille, et s'oriente aussi vers la caaba, temple de l'unité de Dieu à la Mecque; enfin tout fidèle musulman doit au moins, une fois dans sa vie, faire un pèlerinage à la Mecque et au mont Harra : ce pèlerinage se fait en caravane, partant annuellement du Caire et de Damas le 27 du mois de chewral[5].

Cette caravane, qui commence par son chef, est précédée de soldats qui doivent la défendre contre toute attaque; derrière viennent la musique et les chameaux portant des tapis ornés de versets du Coran brodés en or, pour recouvrir la caaba; puis le grand chameau portant le mahmil ou caisse ornée contenant deux exemplaires du Coran : la suite se compose de diverses tribus venues de plusieurs points de l'Afrique et qui se sont réunies au Caire avant le départ; elles portent des drapeaux et sont accompagnées de chameaux portant l'eau, les vivres et les bagages indispensables pour un voyage d'environ un mois dans le désert : ci-dessous, on voit cette caravane partant du Caire; à l'horizon, on aperçoit les pyramides de Zaqquarah et les grandes pyramides de Gyseh.

Selon Mahomet, il y a un enfer que l'on peut racheter par des aumônes ou par des établissements d'utilité publique, un purgatoire et un jugement après la résurrection; dans sa visite aux cieux, Mahomet raconte, entre autres choses, qu'il vit des anges avec des têtes d'animaux, ce qui rappelle les divinités des anciens Égyptiens; qu'il vit le cédrat, arbre immortel[6], qui ombrageait une multitude d'anges et d'oiseaux; son fruit était plus doux que le lait, et chaque pepin renfermait une houri, vierge divine réservée aux plaisirs éternels des vrais croyants; leurs corps ravissants étaient transparents comme l'éclat des perles, leurs yeux étaient si beaux, si brillants, qu'un seul regard sur la terre pouvait, pendant la nuit la plus sombre, jeter autant de lumière que le soleil dans son éclat, et il suffisait que l'une d'elles crachât dans la mer pour qu'elle ne fût plus salée.

---

[1] Mahomet veut dire *couvert de gloire*. Islamisme veut dire *consécration à Dieu*.

[2] Hégire, ou fuite de Mahomet à Médine, lorsqu'il fut condamné à mort par les Coréishites, tribus idolâtres : cette ère des musulmans correspond au 15 juillet 622.

[3] Voir le *Coran*, traduit de l'arabe par Savary, Paris, 1829, et l'exposé de la foi musulmane par Mohammed Ben Pir Ali Elberkevi; traduit par Garcin de Tassy : ce dernier ouvrage est très-suivi par les musulmans.

[4] C'est dans ce petit édifice que se trouve la fameuse pierre ou basalte noir, qui se tenant en l'air et servit d'échafaud à Ismael et à Abraham lorsqu'ils construisirent la caaba; Mahomet scella lui-même cette pierre sous un tapis soutenu par les prétendants, qui se disputaient l'honneur de la sceller : dans cette enceinte se trouve aussi le puits sacré de Zemzem, donné par l'ange Gabriel à la mère d'Ismael.

[5] C'est dans une grotte du mont Harra que Mahomet se retirait et que l'ange Gabriel venait lui dicter le Coran. Le mois de chewral correspond environ au mois de juillet; la réunion à la Mecque a lieu pendant les premiers jours de Zelhedji (août).

[6] Les anciens Égyptiens avaient aussi un arbre divin : il est figuré dans les bas-reliefs de la salle hypostyle de Karnac.

Entrée d'un convoi dans la mosquée el Azhar.

Après la mort d'un musulman, sa veuve et ses alliées ou amies se promènent assez souvent dans les rues, jetant en l'air de la poussière en signe de détresse, se couvrant de boue la figure et les vêtements, poussant des cris plaintifs et des gémissements; le corps du défunt est assez promptement purifié et lavé par des hommes *ad hoc :* on bouche les narines et les oreilles avec du coton, et on parfume le corps avec de l'eau de rose avant de l'envelopper dans le linceul.

Les convois se composent ordinairement d'une demi-douzaine d'aveugles, suivis de parents et amis qui, la main sur les épaules, marchent deux à deux en chantant les louanges de Dieu; après eux viennent quelques enfants portant un exemplaire du Coran et répondant aux chants des aveugles : le corps vient ensuite, porté sur les épaules et suivi d'un groupe de femmes alliées ou attachées à la maison du défunt, portant toutes une bandelette sur la tête; des pleureuses salariées suivent, les cheveux épars, poussant de lugubres gémissements et chantant les louanges du défunt. Quand le convoi est celui d'une personne riche, il est précédé de chameaux portant du pain et de l'eau aux pauvres qui se tiennent ordinairement aux portes des mosquées; des parfums sont répandus sur la route du cortége; des derviches portent des drapeaux qui ont été rapportés de la Mecque; le maître d'école et ses élèves, le cheval du défunt, et ses femmes sur des ânes, suivent le convoi; quelquefois même un buffle est sacrifié près de la tombe pour être distribué aux pauvres : c'est dans la mosquée et après les prières que l'iman demande aux personnes présentes les témoignages des vertus du défunt.

L'analogie entre ces cérémonies et celles du peuple des pharaons est frappante : on pourra faire ce rapprochement en lisant plus loin, à la vallée des tombeaux de Thèbes, les cérémonies des anciens Égyptiens.

Les musulmans, en mourant, ne se séparent pas de ceux qui leur survivent; les cimetières, contrairement aux règles hygiéniques, sont auprès, sinon au milieu des habitations : les musulmans pensent, comme les anciens Égyptiens, que les maisons sont de passagères hôtelleries, et que les tombeaux sont d'éternelles demeures.

Les tombes des musulmans sont ordinairement voûtées, assez hautes pour permettre au défunt d'être debout lors de la visite des deux anges, Monkir et Nékir, qui, selon tout croyant, viennent les visiter dans leurs dernières demeures : ces tombes peuvent contenir toute une famille, les femmes séparées des hommes; le dessus est recouvert d'un bloc à degré, sur lequel est une colonnette couronnée d'un turban. Les Arabes pauvres ne construisent pas de tombeaux voûtés, ils sont mis en terre dans un linceul; la terre, ou plutôt le sable qui les recouvre, est entouré de pierres ou petits murs, sur lesquels on dépose des branches de palmier, et à boire et à manger pour les oiseaux.

Les cheiks et les santons ont de plus grands monuments; ils sont, en général, érigés sur un point culminant, pour être aperçus de loin : les musulmans passent rarement près de ces petits sanctuaires sans les visiter et y prononcer des prières.

Au désert, le vrai musulman qui se sent mourir, après avoir fait ses ablutions avec du sable s'il n'a pas d'eau, se met dans le linceul, que le fidèle croyant a coutume de porter avec lui pendant un long voyage; il s'enterre lui-même s'il est seul, la tête découverte, du côté de la Mecque, attendant ainsi la mort, et priant Dieu que les vents viennent apporter sur sa figure le sable qui doit l'enterrer complétement pour n'être pas dévoré par les animaux.

La religion des musulmans n'est pas aussi intolérante que par le passé : les musulmans s'habituent de plus en plus aux Européens, dont ils reçoivent, chaque jour, d'importants services; quelquefois ils appellent des chrétiens et des juifs pour prier lorsqu'ils sont au lit de mort; ils pensent, d'ailleurs, qu'il faut célébrer les louanges de Dieu dans toutes les langues; et l'on visite maintenant assez facilement les mosquées, où jadis un Européen n'aurait pu pénétrer sans courir les plus grands dangers.

Vue d'un tombeau de santon, à Kpala.

Vue de la basse Égypte
Mosquée Kaloun.   Khalyq ou Canal du Caire.   Tombeaux des Kalyfes Fathemites   Casernes de la Citadelle.
Murs d'enceinte de la Citadelle.

MOEURS ET COUTUMES.

Le musulman, en se levant, songe d'abord à sa première prière, qu'il fait au lever du soleil, puis à sa pipe, qu'il ne quitte presque pas de la journée : il a le choix dans trois genres de pipes, le narguileh, le schiché et le schibouk. Les narguilehs (qui sont les plus grandes pipes figurées ci-contre) sont à tuyaux mobiles et contiennent à la base, dans un coco ou une bouteille de verre, une certaine quantité d'eau, à travers laquelle doit passer la fumée, ce qui la rend plus douce et plus agréable. Le schiché, qui contient de l'eau comme le narguileh, a le tuyau droit; il est portatif, quoiqu'un peu embarrassant. Enfin le schibouk, qui est la pipe communément employée, a le tuyau droit et long : sa noix repose ordinairement dans un petit plateau en cuivre. Une petite tasse de café noir sans sucre est indispensable avec la pipe : on les offre avec empressement à tout visiteur que l'on veut bien accueillir[1].

Naturellement indolents, les musulmans font peu de chose : une course d'affaire ou de plaisir, une visite dans un bazar, une partie de bain ou de trictrac suffisent, avec la prière et le keff, à l'emploi d'une journée[2]. Mahomet, qui voulut combattre cette tendance à la paresse, défendit l'inaction; aussi les vrais croyants, pour obéir sans fatigue à cette défense, portent-ils de petits chapelets qu'ils s'amusent à manier en tous sens : leur ignorance les rend superstitieux; ils croient aux charmes, aux devins, aux chercheurs de serpents : aussi portent-ils presque toujours sur eux le Coran ou bien des amulettes, que les hommes, les femmes, les enfants, et même les chevaux[3], portent au cou pour les garantir de toutes les calamités qui affligent l'espèce humaine. Quelques-uns, pour mériter le ciel, vont jusqu'à s'imposer volontairement des peines et des privations ridicules, comme le font encore les fanatiques religieux de l'Inde. Lane, qui a publié un intéressant ouvrage sur les Égyptiens modernes, parle d'un dévot qui, enchaîné par le cou, avait lui-même scellé sa chaîne dans le mur de sa chambre, et était resté trente ans dans cette triste condition[4].

Fatalistes, ils supportent, sans murmurer, les plus grandes privations; malheureux depuis tant d'années, ils ne croient plus au bonheur; paresseux, dégradés, ils vivent au jour le jour, et n'obéissent, le plus souvent, qu'à la violence : l'indépendance est leur seule consolation, et l'état militaire, que Méhémet-Ali leur a imposé depuis qu'il gouverne l'Égypte, est pour eux un grand malheur qu'ils cherchent à éviter par tous les moyens possibles : ils s'arrachent les dents, se coupent l'index, quelques-uns vont même jusqu'à s'aveugler avec du jus de tabac; traqués dans les campagnes comme des bêtes fauves, ils se sauvent dans le désert, au risque d'y mourir de faim et de soif : ceux qu'on attrape sont emmenés, liés et enchaînés, dans des campements dont ils ne peuvent sortir; ils y apprennent l'exercice, et ce n'est que lorsqu'ils ont perdu l'espérance de se soustraire au service militaire qu'ils se résignent en disant : *Maktoub* (cela est écrit); Dieu le veut[5].

Les femmes, qui sont on ne peut plus ignorantes, ont une existence toute matérielle : quelques-unes, dans les harems, passent leur vie dans les soins de la toilette et de la maternité; quelques promenades, des parties de bain, une naissance, un mariage ou une mort sont leurs seuls extra : les autres femmes de basse classe, tout aussi ignorantes que les premières, sont employées aux travaux domestiques et à vendre dans les marchés : superstitieuses à l'excès, elles croient, entre autres choses, que les idiots ont l'esprit dans le ciel, et que tout est permis sur terre à la partie matérielle de ces êtres en esprit près de Dieu; elles entourent de soins et de prévenances ces malheureux, qui se tiennent auprès des mosquées, complétement nus selon la sainte coutume musulmane; elles vont même jusqu'à les caresser pour obtenir, par eux, les faveurs du ciel, et leur confiance est telle, qu'elles sont heureuses, enchantées même des libertés que ces idiots prennent avec elles.

Les femmes d'Égypte, qui sont douées d'une grande perspicacité et d'un grand tact naturels, sont extrêmement sympathiques : il en est qui font métier, dans les convois, de pousser des cris déchirants et de chanter les louanges du défunt; d'autres, plus particulièrement adonnées aux plaisirs des yeux, de l'oreille et des sens, se font almées, chanteuses et danseuses toutes particulières à l'Orient et qu'on ne trouve nulle part ailleurs.

---

[1] Un grand luxe est déployé par les Orientaux dans leurs pipes; elles sont ornées d'or, d'argent et de pierreries de grande valeur : un homme est affecté à leur entretien et à leur service, même dans une maison de médiocre aisance; si le maître sort à pied ou à cheval, il le suit avec le schibouk, qu'il s'empresse d'apprêter à chaque temps d'arrêt. *Voir*, page 5, la gravure des chiens errants.)

[2] Le keff est un repos de corps et d'esprit répondant au *dolce far niente* des Italiens.

[3] Cela s'explique par l'extrême attachement du musulman pour son compagnon de fatigue.

[4] Edward William Lane. London. 1836, page 300

[5] Il n'y a malheureusement pas d'état civil en Égypte, ce qui empêche le recrutement régulier. Les moyens violents employés jusqu'ici ne peuvent s'expliquer que par l'urgence; la paix les ferait indubitablement cesser.

Almées dans un sérail

L'institution des almées, qui remonte aux temps les plus reculés, puisqu'on les retrouve souvent dans les peintures des anciens Égyptiens, est un plaisir extrêmement vif pour les Orientaux, et une fête ne serait pas complète, si des almées n'y venaient déployer leurs grâces et réveiller, par leurs poses voluptueuses, l'apathie naturelle des Orientaux : leur danse, qui d'abord n'est que faiblement cadencée et sur les hanches, devient successivement plus animée; leurs mouvements, leurs poses et leurs danses deviennent de plus en plus vifs, de plus en plus lascifs, et tels enfin qu'on ne pourrait décemment les décrire : la danse de la mouche, qui est la plus voluptueuse de toutes, est celle où l'almée, se supposant piquée par une mouche, se dépouille successivement de tous ses vêtements, en cherchant la mouche qui la pique : on conçoit que les femmes qui exécutent de semblables danses soient de mœurs extrêmement relâchées; aussi arrive-t-il parfois qu'elles sont châtiées et envoyées du Caire dans la haute Égypte, où elles ont moins occasion de faire scandale.

Il est honteux, pour l'espèce humaine, de penser qu'en Égypte quelques hommes sont assez dégradés pour se déguiser en femme et faire métier de singer les almées. Je signale cet infâme commerce à la vindicte publique, heureux de l'espérance où je suis de contribuer à le faire cesser quelque jour : le dégoût que cela inspire est d'autant plus profond que déjà, dans les pays qui se disent civilisés, on ne voit qu'avec peine les gambades que l'on fait faire en public à de malheureux danseurs.

La musique des almées, comme celle des anciens Égyptiens, se compose de tambourins, de flûtes doubles : elles improvisent des chants et s'accompagnent elles-mêmes avec de petites timbales en cuivre qu'elles portent au bout des doigts; les assistants répondent en chœur en battant la mesure avec leurs mains.

En général, la musique des Égyptiens actuels est basée sur le rhythme, qu'ils modèrent ou précipitent; ils n'ont ni harmonie, ni mélodie, ni musique écrite; ils jouent et chantent à l'unisson, et ce n'est que par tradition qu'ils connaissent quelques airs. Méhémet-Ali, qui a voulu importer la musique européenne en Égypte, a monté des musiques militaires dans ses régiments : le goût de la musique se propagera indubitablement; on compte déjà quelques pianos dans la basse Égypte.

Le chant, en Égypte, marche de concert avec les travaux; il n'y a pas d'atelier, de fabrique, ni de navigation où l'on ne chante en chœur : ce système de travail, associé au chant, est très-ancien et très-bon; il mériterait d'être importé en Europe.

Les instruments de musique que l'on rencontre le plus communément en Égypte, en commençant par les plus répandus, sont

1° Le tambourin (daraboukeh), qui se pend au cou quand on marche, comme on peut le voir, page 8, dans les gravures de cortége du mariage et de la circoncision, ou bien avec une tige, pour être placé sous le bras comme ci-dessous, ou bien encore le tambourin (tehr) à peau libre, à ronds et grelots métalliques comme en Europe;

2° De flûtes de différents modèles, l'une évidée aux deux bouts (el ney), longue de 60 centimètres et percée de quatre ou six trous; l'autre, double (argoul), comme celle ci-dessous, est composée de deux roseaux de différentes longueurs, avec deux embouchures et six trous percés sur un ou deux corps de flûte; enfin le hautbois (zoumar), évasé à la base, avec anche et sept trous, qui se joue avec un rond en ivoire devant la bouche pour ne pas perdre le vent;

3° Le violon (khemengeh), à une, deux, trois ou quatre cordes, et dont le corps a quelquefois la forme d'un trapèze;

4° La guitare (oud) à sept doubles cordes, jouée avec un bout de plume, comme on peut le voir ci-dessous;

5° Le khanoun ou grande boîte ayant environ 1 mètre sur 50 centimètres et 7 centimètres d'épaisseur, surmonté de vingt-quatre triples cordes : cet instrument se place sur les genoux, on en fait résonner les cordes avec de petits morceaux de corne fixés aux doigts;

6° Enfin les castagnettes (seghet) ou petites timbales en cuivre dont se servent les almées, et dont nous avons parlé ci-dessus.

Les aveugles, qui sont très-nombreux en Égypte, sont généralement musiciens : leur musique est désagréable pour des oreilles européennes; elle a cependant un certain caractère qui lui est propre : je donnerai, page 22, la musique de quelques airs du pays.

Musiciens devant un café au Caire.

DESCRIPTION DU CAIRE.

FÊTE DU PROPHÈTE, MARIAGE ET CIRCONCISION.

Intérieur de la mosquée du Moristan, côté du tombeau de Kaloum.

Deux grandes rues principales traversent le Caire du Sud au Nord : celle que je représente est une des plus belles; elle est généralement connue sous le nom de grande rue du Moristan : des mosquées, des fontaines, des okels, des bazars et des boutiques de toute nature ornent cette rue, où s'agite une population composée de Turcs, d'Arabes, de cophtes et de juifs. Le bariolage des différents costumes; ces seigneurs, sur des chevaux richement caparaçonnés, précédés de coureurs qui leur ouvrent un passage au milieu de la foule; ces femmes à âne, à califourchon sur de hautes selles, pour éviter le contact des passants; ces distributeurs d'eau, ces divers marchands, ces crieurs qui vendent à l'encan en courant les rues, ces musiciens, ces narrateurs d'histoires dans les cafés, ces caravanes qui partent et arrivent des divers points de l'Afrique, ces riches mosquées à coupoles hardies, ces minarets si gracieux, si élégants : tout cela donne au Caire un aspect extraordinaire, qui répond assez aux féeriques descriptions des *Mille et une Nuits*.

Peu de monde circule dans les rues pendant la grande chaleur de midi à trois heures (el asser), heure de la prière. L'activité reprend après cette heure jusqu'au soir, où chacun rentre chez soi, et ne peut sortir la nuit qu'avec une lanterne (la ville n'étant pas éclairée), sous peine d'être arrêté par les corps de garde; encore, si on va loin, faut-il, à chaque instant, se faire ouvrir les portes des différents quartiers que l'on doit parcourir, parce qu'on les ferme à la chute du jour.

C'est dans la rue du Moristan (Darb el Gemely) que passent ordinairement les processions religieuses et civiles; celle de la fête du Prophète est une des plus remarquables.

Dès l'aurore, une salve d'artillerie est tirée de la citadelle, et les muezzins, du haut des minarets pavoisés, rappellent aux fidèles qu'il n'y a que Dieu qui soit Dieu, que Mahomet est son prophète, qu'il faut suspendre tout travail et le fêter. Peu après, les différentes sectes réunies parcourent pompeusement les rues du Caire : la marche du cortége est ouverte par des hommes avec des bâtons pour faire faire place; la musique vient ensuite et précède les cheiks, les cadis et les ulémas, qui portent les drapeaux des différentes mosquées; puis viennent les psylles, fidèles musulmans coiffés de longs chapeaux pointus ornés de queues de renard : ces psylles allongent leur barbe naturelle avec de la filasse, et portent à leurs mains d'énormes serpents qu'ils étreignent et mordent pour les mettre en fureur; ils sont vraiment extraordinaires, et la foule qui les entoure pousse des cris d'épouvante en voyant leurs hideux et menaçants reptiles. Après cette étrange procession, viennent les prières appelées sikrs, cérémonies religieuses dans lesquelles les fidèles croyants, les jambes croisées, la main sur l'épaule de leurs voisins, et rangés en cercle autour des drapeaux et de la musique, répètent sans cesse le nom de Dieu (Allah), en remuant uniformément la tête de droite à gauche : ces paroles et ces mouvements, d'abord assez calmes, sont progressivement précipités; la voix des fidèles devient sourde et rauque, les têtes, machinalement agitées, font perdre tout sentiment, les bouches écument, les yeux sont hagards : on voit alors les plus faibles tomber d'épuisement et de fatigue; les plus robustes, resserrant le cercle en continuant les mêmes faits et gestes, finissent, à leur tour, par tomber évanouis : parfois, ils vomissent le sang; leurs vertiges réagissent sur la foule qui les admire, et c'est à qui embrassera les mains, les pieds et les vêtements de ces dévots surexcités qu'ils considèrent comme des saints.

Pendant la fête du Prophète, qui dure dix jours, il y a aussi la cérémonie du douseh, espèce de procession où le prêcheur de la grande mosquée Hassan va à cheval, après quelques jours de retraite et la prière du vendredi, chez le chef de tous les derviches : c'est alors que, sur son passage, les derviches et les fervents musulmans, couchés ventre à terre les uns auprès des autres, forment une route humaine sur laquelle le cheval doit passer; tout cela au milieu des invocations divines des spectateurs et des acteurs, qui sont enchantés d'avoir senti le pied du cheval sur eux, au risque d'avoir les côtes enfoncées.

La vue de la rue du Moristan représente, à gauche, une partie de la magnifique mosquée Kaloum ou grand Moristan (hôpital), construit l'an 683 de l'hégire (1319) par Kaloum, qui, ayant recouvré la santé au Moristan de Damas, en Syrie, fit vœu de construire un semblable Moristan au Caire : ce superbe monument contient à la fois un hôpital pour les deux sexes, une mosquée et le tombeau de Kaloum, qui est sous le dôme, près le minaret que l'on aperçoit dans le fond du dessin. La petite gravure ci-dessus représente l'intérieur de cette mosquée, côté du tombeau.

8

Cortège d'une fiancée dans la rue du Moristan.

La seconde vue représente l'intérieur de la mosquée el Moyed; des doubles portiques entourent l'enceinte, au milieu de laquelle est le bassin aux ablutions, couvert d'un petit pavillon et ombragé d'un sycomore : de l'autre côté de la grille et sous le triple portique du fond, est le sanctuaire contenant la chaire et la niche; le pupitre portant le Coran et les tribunes où l'iman lit et interprète le Coran; enfin, aux extrémités de droite et de gauche, sont les tombeaux du sultan el Moyed et de sa famille.

Cette mosquée, un peu délabrée comme toutes les mosquées en général, est d'une architecture légère et gracieuse. Dans la gravure ci-contre, on voit l'extérieur de cette mosquée du côté de la rue du Moristan, dont nous venons de parler, son entrée principale et le double perron par lequel on y arrive, le dôme sous lequel repose le sultan, et un des deux minarets qui dépendent de cette mosquée et flanquent la porte de Zouaïla, sous cette porte vient de passer le cortége d'une fiancée allant s'installer dans le harem de son futur époux.

Le mariage, chez les musulmans, se fait par l'entremise de femmes *ad hoc* (*khatbey*), qui sont admises dans les harems, le plus souvent comme marchandes : les fiancés ne devant se voir qu'au moment même du mariage, c'est seulement d'après les descriptions faites par ces entremetteuses que se concluent les mariages; le futur fait seul un apport, qui se compose de quelque culture de terre ou de quelques centaines de piastres[1] : le tiers de cet apport doit, en cas de répudiation ou de divorce, rester en toute propriété à la femme; c'est chez la future que se dépose cet apport et que l'on écrit le contrat (lorsque la somme en vaut la peine). On lit alors le premier chapitre du Coran; les fiancés, agenouillés face à face (la future toujours voilée), réunissent leurs mains droites, qui restent liées avec un mouchoir pendant un petit discours sur les devoirs des époux, que prononce un effendi (homme lettré); puis on lit un autre verset du Coran; enfin un repas termine ces fiançailles. Une huitaine de jours se passent en préparatifs, en parties de bains et en des fêtes, avant que la future soit conduite en grand cortége chez son fiancé; ce cortége se compose ordinairement d'hommes avec des bâtons, qui dirigent la marche et font faire place aux musiciens, aux femmes, aux filles alliées et amies qui précèdent le dais sous lequel des matrones conduisent la fiancée parée de ses plus beaux joyaux et qui est entièrement voilée, son heureux époux devant seul avoir le bonheur de la voir.

La fiancée, arrivée chez son futur époux, est conduite au harem, où le mari doit lui faire un cadeau avant de lever le voile qui la couvre, et il dit : « Au nom de Dieu clément et miséricordieux, que la nuit soit bénie. » La femme répond : « Que Dieu vous bénisse. » Le mari voit alors sa femme pour la première fois, et, s'il est satisfait de ses charmes, il fait entendre des cris de joie, qui sont répétés par les parents et amis réunis, attendant avec anxiété, près du harem, ce curieux dénoûment : l'heureux époux vient alors recevoir les compliments de l'assemblée; parfois le mari, désappointé, divorce le jour même de ses noces[2].

La gravure sur bois ci-dessous représente une rue près le quartier Franc (el Mouski) : on y voit l'entrée d'une mosquée et une porte de quartier sous laquelle passe le cortége que l'on a coutume de faire avant la circoncision. La marche est ouverte par un garçon barbier, qui porte sur la tête la caisse ornée où sont les tranchants nécessaires à l'opération; vient ensuite la musique avec les parentes et amies du jeune enfant, qui, en cette circonstance, est toujours à cheval et tient presque continuellement son mouchoir devant sa bouche. Pendant tout le temps de la marche du cortége, des femmes chantent et jettent des cris de joie; l'une d'elles répand de temps à autre du sel pour chasser les mauvais esprits.

Quand l'enfant, qui a environ six ans, appartient à une famille riche, on brûle des encens, on distribue de l'eau orangée, et le cortége est plus brillant. L'opération de la circoncision faite, l'enfant commence, à sept ans environ, à dire ses prières; à douze ou treize ans, il entre en fonction publique, apprend un métier ou bien est domestique, s'il appartient à une famille pauvre.

Cortège d'un jeune musulman à circoncire.

---

[1] Quatre piastres valent environ un franc.

[2] On cite, au Caire, l'histoire d'un homme qui, se croyant trompé sur la virginité de sa fiancée, alla se plaindre au divan pour divorcer après ses noces : des matrones appelées en expertise déclarèrent l'erreur du mari (qui dut revoir sa femme). Une procession portant une chemise qui offrait les preuves de virginité de la fiancée publia son erreur dans tout le quartier, au milieu des hourras et d'une bruyante musique (fantasia kitir).

LE SPHINX

ET

LES PYRAMIDES DE GYSEH,

LE COLOSSE DE MEMPHIS.

Le sphinx, dont on ne voit plus que la partie supérieure, est un monument adhérent à la chaîne libyque; il porte le cartouche Touthmosis **IV** : ce monument a 13 mètres 30 cent. de hauteur, 27 mètres de longueur et 39 mètres de circonférence autour du front. Sa base, qui a été momentanément dégagée, contient une porte donnant entrée à des galeries creusées dans la montagne et que l'on dit communiquer à la grande pyramide. Sur la tête de ce sphinx existe un refouillement qui fait supposer qu'il était couronné d'une coiffure symbolique. La figure conserve encore des traces de la peinture qui la recouvrait; toutefois cette peinture peut n'être pas aussi antique qu'on le pourrait croire : car on rapporte que les sabéens, adorateurs des astres, avaient, avant 1379, des cérémonies pendant lesquelles ils ornaient, couronnaient et peignaient le sphinx; que le chef d'une dervicherie du Caire fit mutiler l'idole par ses moines, qui la mirent dans l'état où elle est maintenant : elle fut dès lors abandonnée; car les sabéens, comme les Indous d'aujourd'hui, témoignaient le plus profond mépris pour les idoles mutilées.

La pyramide de Gyseh, au commencement de la chaîne libyque, sur laquelle elle repose, est le plus haut et le plus ancien monument du monde (3200 ans A. J. C.). Cette colossale montagne humaine est attribuée, par Hérodote, livre II, chap. 126 et suiv., à Chéops, premier roi de la 4ᵉ dynastie, qui la fit ériger pour lui servir de tombeau; il rapporte que ce pharaon fit d'abord fermer les temples, prohiba toute espèce de sacrifices et condamna indistinctement tous les Égyptiens à des travaux publics. Cent mille hommes, relevés tous les trois mois, étaient continuellement employés à ces immenses travaux : il fallut dix années pour construire la route et la chaussée nécessaires à l'arrivage des pierres, et vingt années pour ériger ce tombeau royal. Hérodote rapporte encore que, pour subvenir aux dépenses d'une construction si extraordinaire, Chéops vendit les faveurs de sa propre fille, qui, à son tour, voulut élever un semblable mausolée avec les pierres qu'elle se fit fournir par chacun de ses adorateurs, et qu'elle construisit ainsi la deuxième pyramide, dont on voit le commencement dans la vue ci-jointe.

Diodore rapporte, livre 1, chap. 63, que Chembes fit construire la grande pyramide, Céphren ou Chabryis la deuxième, et Mécérinus la troisième. Pline dit, au contraire, que c'est justice que les noms de ceux qui firent exécuter ces monuments de vanité si grande soient effacés du souvenir des hommes : on fut longtemps, en effet, sans trouver aucune inscription sur ces monuments, ce qui fit supposer qu'ils précédèrent l'art de peindre la parole; opinion erronée, comme on le verra ci-après.

La grande pyramide, sur laquelle j'arrêterai plus particulièrement le lecteur, n'est plus composée que de 202 assises en pierre calcaire de diverses hauteurs, superposées en retraite et enclavées les unes dans les autres : elle a 230 mètres environ à sa base et 146 mètres de hauteur. Ce gigantesque monument, qu'on aperçoit de dix lieues à la ronde, semble pourtant diminuer de hauteur, à mesure qu'on s'en approche; les degrés en retraite se cachent de plus en plus de la base au sommet, et ce n'est qu'en touchant les blocs de pierre dont il est formé que l'on peut avoir une idée à peu près exacte de cette masse immense; on ne voit plus ses limites supérieures et latérales; l'œil étonné ne peut la saisir, l'apprécier, et l'intelligence confondue est involontairement frappée de la pensée d'un gradin sans fin qui conduirait au ciel.

La pyramide était autrefois recouverte d'un calcaire compacte gris, sur lequel on pense qu'il y avait des hiéroglyphes. Cette opinion est d'autant plus accréditée que l'on voit, dans beaucoup de musées, de petites pyramides recouvertes d'hiéroglyphes. Ce revêtement élevait encore la pyramide; il est indiqué sur la coupe ci-derrière.

Après une nuit passée dans un tombeau voisin des pyramides, dans lequel on ne peut entrer qu'en rampant, tant le sable en a encombré l'entrée, je montai avant le jour, assisté de deux Arabes, par l'arête Nord-Est, sur le plateau qui couronne la grande pyramide : là un spectacle extraordinaire et admirable se déroula devant mes yeux.

Le soleil commençait à éclairer le sommet de la pyramide, d'épaisses vapeurs flottaient encore à sa base, et je restai muet d'étonnement et d'admiration en apercevant à mes pieds mon ombre géante projetée sur les nuages : ce phénomène, si simple et pourtant si saisissant, produisit sur moi des sensations difficiles à décrire; il me semblait que, sur ce piédestal, j'étais quelque chose de plus que ces chétifs mortels qui végètent sur la terre, sur cette terre qui était, pour quelques instants, dérobée à mes yeux. Quelques minutes après, la terre secouait son linceul nocturne, la scène avait changé.

Au Nord-Est, je voyais le Nil qui descendait majestueusement à la mer; plus loin, le Caire et ses nombreux minarets. A l'Est, le soleil levant se reflétait si vivement dans le Nil, qu'on ne pouvait regarder de ce côté; au Sud, j'apercevais les pyramides de Zaqquarah : les bases des plus grandes restaient encore perdues dans les nuages sur lesquels elles semblaient reposer. Plus près, je voyais les restes des deux jetées, le pont monolithe, la partie postérieure du sphinx, le tombeau enterré dans le roc auquel il adhère, et les petites pyramides au pied de la grande. Au Sud-Ouest, je voyais le désert, sur lequel se détachait la seconde pyramide, qui conserve encore à son sommet une partie du revêtement dont elle était recouverte, et la troisième, qui était recouverte, jusqu'à moitié, en granit rose (Hérodote, livre II, chap. 134) : toutes deux étaient encore enveloppées de nuages; ainsi isolées du sol, l'imagination pouvait les grandir et leur donner des dimensions fantastiques. A l'Ouest et au Nord-Ouest, je voyais de nombreux tombeaux rangés en avenues : tous ont été violés, fouillés par d'avides spéculateurs. Au Nord, s'étendait une campagne fertile, arrosée de canaux; enfin, plus loin, mon regard découvrait cette plage historique où Bonaparte, commandant l'expédition d'Égypte, sut si bien électriser son armée en s'écriant : *Soldats! du haut de ces pyramides, quarante siècles vous contemplent!!!*

Vue de la galerie intérieure

Je redescendis à regret du point extraordinaire auquel je venais de m'élever, pour aller visiter l'intérieur de la pyramide, dans laquelle on entre par une porte représentée ci-derrière et marquée A sur la coupe ci-dessous.

Cette porte conduit, par d'étroits couloirs, à la salle G, taillée dans le roc, et se reliant, par un puits étroit et tortueux, à la grande galerie B, représentée ci-dessus; on va de cette galerie à la chambre dite de la reine C et à la chambre dite du roi D. Cette salle contient un sarcophage sans hiéroglyphes ni couvercle; elle est aérée par des courants d'air se dirigeant sur les faces extérieures

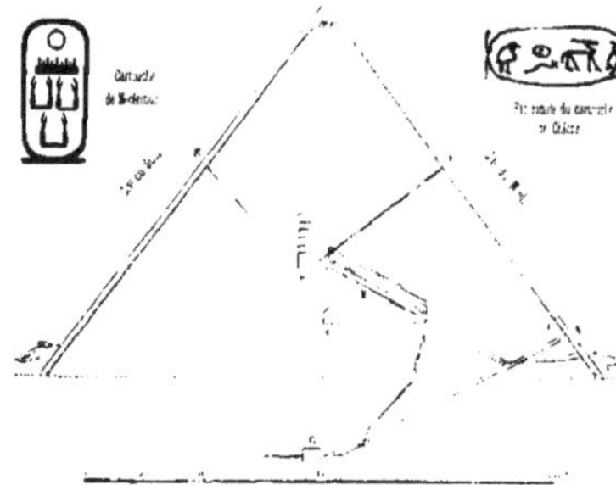

Coupe de la grande pyramide de Gyseh.

Sud et Nord en E et F : son plafond est déchargé par des vides qui étaient clos et dans lesquels on ne devait jamais parvenir : c'est dans ces vides qu'on a récemment trouvé des hiéroglyphes tracés en rouge par les ouvriers de la pyramide; ces hiéroglyphes, de 5,000 ans de date, retracent le nom de Chéops (sous la forme de *Schoufe*, qui revient à *Souphis*, nom que lui donne Manéthon), auquel l'histoire attribue la construction de la grande pyramide. Une seconde découverte non moins importante est celle d'un morceau de sarcophage en bois trouvé dans la troisième pyramide et portant le nom de *Mécérinus*, auquel on attribuait aussi ce monument.

Ces précieux documents, dus à une société d'explorateurs anglais, sont des plus remarquables pour l'histoire de l'intelligence humaine; ils sanctionnent dignement les merveilleuses découvertes de Champollion jeune sur les hiéroglyphes.

A deux heures au Sud des grandes pyramides de Gyseh, était Memphis. Cambyse fut le premier qui, 525 ans A. J. C., saccagea cette célèbre capitale : le Caire et Alexandrie l'anéantirent tout à fait en y prenant des pierres toutes taillées; aujourd'hui quelques fragments épars, des ruines, de vastes enceintes surgissent à peine du limon du Nil et du sable qui semblent l'ensevelir à l'envi.

Le beau colosse de Rhamsès II, découvert par M. Caviglia, est le seul monument qu'on peut y voir aujourd'hui : cette statue monolithe, qui a 11 mètres 50 cent. dans son état actuel, est en calcaire très-poli; elle est un beau type de l'art égyptien : la tête est heureusement d'une belle conservation : sur le bras, à la ceinture et à la poitrine, on voit répété le cartouche de Sésostris II : en voyant ce grand pharaon, ce demi-dieu jadis si adoré et aujourd'hui abandonné dans la boue, on est naturellement frappé de la futilité des grandeurs humaines!

Gazelles près des pyramides de Zaqquarah. Dans le fond, à gauche, on voit les pyramides de Gizeh; à droite, le Caire et la vallée du Nil.

DU CAIRE A BENI-HASSAN.

Vue du Caire.

Le Caire et ses environs sont extrèmement intéressants à visiter : il est difficile, en effet, de trouver un pays qui contienne plus de villes anciennes et modernes agglomérées les unes auprès des autres, et qui puisse rappeler plus de souvenirs historiques. Les Égyptiens, les Perses, les Grecs, les Romains, les Arabes, les Turcs et les Français sont autant de peuples qui, les uns après les autres, ont laissé des traces ou des souvenirs de leurs passages autour des vieilles pyramides; les Arabes sont ceux qui, de tous, ont laissé, dans la basse Égypte, le plus de monuments. On retrouve, surtout au Caire, toute la grâce et tout le luxe de cette féerique architecture arabe qui prit naissance avec l'islamisme. Il est malheureusement pénible de penser que ces monuments sont presque tous construits avec des matériaux provenant des monuments de leurs prédécesseurs, et que, parmi les Arabes d'aujourd'hui, il n'en est pas un seul capable de concevoir ni d'exécuter rien qui puisse rappeler cette belle époque de l'art.

Dans la vue du Caire, que je dois à l'obligeance de M. Bourdon, on voit les tombeaux des califes du cimetière de l'Iman et une partie de la ville; au second plan est l'aqueduc qui mène l'eau du Nil à la citadelle; plus loin on aperçoit le vieux Caire et un versant de la chaîne arabique sur lequel sont des moulins à vent; enfin, de l'autre côté du Nil et à l'horizon, se détachent la chaîne libyque et les grandes pyramides de Gyseh.

Mais, quelque intéressante que soit la contrée du Caire, il faut pourtant la quitter pour explorer l'Égypte supérieure, et, tout en butinant sur les rives du Nil, aller chercher de nouvelles émotions dans les ruines de la merveilleuse Thèbes[1] : si donc, mettant à la voile, on remonte le fleuve, on voit, après le vieux Caire, sur la rive droite, Tourra, ancienne Troja, où Méhémet a fondé une école d'artillerie, et où il existe un chemin de fer à double voie d'une demi-lieue, pour transporter au bord du fleuve les pierres extraites de la chaîne arabique; puis, sur la rive gauche, les grandes pyramides de Gyseh et celles de Zaqquarah, dont j'ai déjà parlé, et qui toutes ont conservé les traces des recherches et des passages forcés faits, à diverses époques, pour les dépouiller des trésors qu'elles étaient supposées contenir : ces efforts, souvent infructueux, ont tourné au profit de la science en faisant connaître les dispositions des salles et couloirs, les soins apportés dans leurs constructions, et en faisant, enfin, découvrir les curieux hiéroglyphes dont j'ai déjà parlé. Il ne reste rien ou peu de choses à acquérir dans les pyramides et dans les nombreux tombeaux qui les environnent : d'avides chercheurs de trésors ont tout bouleversé dans cette ville des morts; ils ont spéculé avec les momies, les divinités et les sarcophages qu'ils contenaient : quelques murs de tombeaux ont, seuls, conservé les sculptures peintes qui les décoraient, et l'on visite avec intérêt un tombeau de grand prêtre du temps de Psammetichus II, qui est creusé dans la chaîne libyque, près des pyramides de Zaqquarah : ce tombeau, dont l'entrée est toute détruite, est couvert de belles sculptures peintes dans lesquelles on retrouve encore, malgré les mutilations des profanes, la trace des offrandes et des scènes religieuses des anciens; il est surtout remarquable par la voûte de la première salle, qui prouve qu'à cette époque les Égyptiens con-

Barque à voile sur le Nil.

naissaient la construction des voûtes[2]. Au-dessus des pyramides de Zaqquarah et de l'emplacement de l'ancienne Memphis, sont les pyramides de Dachour, qui sont en briques crues et que l'on croit plus anciennes que celles de Giseh, puisqu'on les attribue à la troisième dynastie des Pharaons, lorsque celles de Gyseh ne seraient que la quatrième; enfin, et toujours sur la rive Ouest (qui convenait aux tombeaux, puisque c'est de ce côté que se couche le soleil), les deux pyramides d'Abousir précédant celle de Meydoun ou Meymoun, qui est la dernière au Sud, et qui sert de limite à la basse Égypte[3].

---

[1] Mon départ du Caire eut lieu, le 1er avril 1837, sur une cange à voile de moyenne grandeur; elle me coûtait 150 fr. environ par mois, avec son capitaine et six hommes d'équipage qui devaient se nourrir à leurs frais. J'avais prudemment fait plonger la barque dans l'eau pendant vingt-quatre heures, pour détruire la vermine dont les barques du Nil sont ordinairement infectées. Mes provisions se composaient de biscuits, de riz, de fruits secs, de fromage, de sucre, de spiritueux et d'une petite pharmacie. J'avais, en outre, pour pouvoir acheter sans payer trop cher dans les marchés que je devais rencontrer, beaucoup de paras, petite monnaie de moins d'un centime, trop rare en Égypte; puis un firman, délivré par le chancelier de France; enfin j'étais habillé en Turc, pour être plus à l'aise et commander le respect. Je partis ainsi seul, sans compagnon, suivi seulement d'un petit domestique, plus maître dans ma barque qu'aucun roi dans ses États.

[2] Voir, pour les pyramides, l'ouvrage d'*Howard Wise*, Londres, 1840, et les intéressants articles de M. Letronne dans le *Journal des Savants* de juillet et août 1841.

[3] Voir cette voûte, page 20, à l'article *Architecture*.

[4] L'Égypte se divisait et se divise encore en trois parties : le Delta, basse Égypte ou Bahari; la moyenne Égypte, Oustanieh ou Heptanomide des anciens; enfin le Saïd, haute Égypte, ou Thébaïde des anciens.

10

Beni-Hassan.

C'est à l'Ouest de la pyramide de Meymoun que se trouve la province du Fayoum (nome *Arsinoïte*), oasis entièrement séparée de la vallée du Nil, et à l'extrémité de laquelle se trouve le fameux lac Birket-el-Karaoun, immense bassin qui avait quarante lieues de tour, et s'appelait autrefois le lac Mœris, du nom de l'illustre pharaon qui le creusa pour recevoir les eaux trop abondantes des fortes inondations, et pour pouvoir arroser le Delta lorsque les inondations étaient insuffisantes.

Le Fayoum, remarquable par sa fertilité et où l'on retrouve le lotus vénéré des anciens, possède encore quelques monuments; les principaux sont l'obélisque de Begyq, un temple à l'Occident du lac et une pyramide en briques crues; une autre, surmontée d'une colossale figure assise, était, selon Hérodote, au milieu du lac : c'est dans la province du Fayoum que l'on pense qu'il faut chercher les restes du fameux labyrinthe, immense monument dont on ne connaît plus la position, qui servait jadis aux réunions politiques et dans lequel il y avait trois mille salles, quinze cents souterraines et quinze cents au-dessus, pour recevoir les chefs de nome ou province.

Revenant au Nil et continuant à le remonter, on arrive sur la rive gauche, à vingt-cinq lieues au-dessus du Caire, à Benisouef (*Ptolemaïdon*), bourgade importante de la moyenne Égypte, où Méhémet a fondé une filature de coton et une caserne de cavalerie; en face est Djebel-Boukham, montagne à carrière d'albâtre. Plus loin est *Fechn* (Feuchi); puis, sur la rive droite, Charouneh, petit village avec un tombeau de santon devant lequel mon superstitieux domestique jeta un pain dans le Nil en prononçant des prières, et près duquel on voit de vastes ruines d'enceinte, de bassin et de pylônes, et des hypogées ornés de belles sculptures funéraires; plus loin, sur la même rive, est Scheik-Fadel, où l'on puise dans les ruines d'un temple égyptien les matériaux nécessaires aux travaux modernes; puis, sur la rive gauche, Abouguirgheh (*Tamentis*), puis Samalout (*Cynopolis*); enfin, plus loin, la chaîne arabique est percée de trous de carrières et d'hypogées jusqu'à la montagne des Oiseaux (*Djebel-el-Teyr*), qui s'élève à pic au-dessus du Nil, et dans les fissures de laquelle se nichent des nuées de pigeons, de tourterelles et de cormorans. Cette montagne, de cent mètres de hauteur, est surmontée d'un couvent appelé le couvent de la Poulie, parce qu'effectivement c'est au moyen d'une poulie que l'on puise l'eau du Nil pour ce couvent; de pauvres moines cophtes y vivent d'aumônes en venant, à travers un trou taillé dans le roc, solliciter à la nage la charité des passants navigateurs[1]. Des fragments de poterie et d'architecture romaine annoncent, à deux lieues au-dessus du couvent de la Poulie, l'ancienne Akoris, aujourd'hui Tenneh, village près duquel on voit une suite de tombeaux, remarquable surtout à cause d'une figure ronde bosse qui, par l'absence de tous vêtements et par sa pose gracieuse, fait supposer à M. Nestor L'hôte qu'elle était la Vénus Anadyomène des Grecs : ce qu'il y a de certain, c'est que, dans tout le pays, elle est un but de pèlerinage pour les femmes affligées de stérilité.

Après Tenneh vient Mynieh (*Ibium*), gracieux village qui s'annonce par un tombeau de santon, représenté page 6, qui possède une filature de coton et une belle mosquée ornée de fragments et de colonnes de monuments grecs et romains[2].

A quatre lieues environ au-dessus de Mynieh on voit, sur la rive droite, Beni-Hassan, village détruit par Méhémet, parce que ses habitants avaient pillé des barques de son gouvernement, et au sommet duquel on trouve, dans la chaîne arabique, les tombeaux speos (creusés dans le roc) de l'ancienne Bubaste, monuments remarquables à la fois par leur architecture, qui remonte au xixe siècle A. J. C., et par leurs belles et intéressantes sculptures peintes[3].

Le tombeau le plus remarquable est celui qui est le plus au Nord et qui est représenté ci-dessus; il s'annonce par un portique de colonnes à huit pans, qui rappelle l'ordre dorique grec, auquel il a indubitablement dû donner naissance[4]. Ce portique était précédé d'une cour qui se reliait au fleuve par une pente inclinée dont on voit encore la trace; l'intérieur se compose d'une salle à quatre colonnes légèrement cannelées, qui supportent de petites voûtes figurées. Au fond est un petit sanctuaire, où l'on retrouve les traces d'une figure assise. Les autres tombeaux au Sud, au nombre d'une trentaine environ, n'ont pas tous des portiques, comme le précédent; ils ne se composent que de salles intérieures soutenues par des colonnes composées de quatre tiges à boutons de lotus reliés par cinq rubans; elles sont très-sveltes, comme on peut le voir dans la vue ci-contre. Presque toutes les salles sont ornées de sculptures peintes représentant des scènes religieuses, d'agriculture, de chasse, de pêche; des scènes militaires, de navigation, de gymnastique; des jeux, de la musique, de la danse, des animaux, des habitations, des bassins, des jardins; des scènes d'arts et métiers, de la vie privée : tout cela est si naïvement, si délicatement représenté, que l'observateur peut facilement, par cette riche statistique en pierre, se reporter à la vie intime des anciens; et, en rapprochant les siècles, vivre double à la fois par le passé et par le présent.

---

[1] Saint Antoine quitta ce couvent pour aller, loin de tout, vivre isolé dans le désert.

[2] La chaire représentée page 6 appartient à cette mosquée.

[3] La commission d'Égypte, Champollion, Rosellini, Wilkinson, ont presque antérieurement publié ces intéressantes peintures; on verra, plus tard, des représentations analogues dans le cours de l'ouvrage.

[4] Voir cet ordre, planche 20, à l'article *Architecture*, au parallèle d'ordres.

MELAWI-EL-ARICH

SYOUT

DE BENI-HASSAN A SYOUT.

J'ai signalé, jusqu'ici, les points les plus intéressants que l'on rencontre en remontant la vallée du Nil : la barque qui me porte s'arrête tantôt sur une rive, tantôt sur l'autre : la nuit, les hommes de l'équipage me réveillent et me font tirer des coups de fusil pour effrayer les voleurs, qui, parfois, viennent, même à la nage, dérober ce qu'ils peuvent atteindre dans les barques, surtout lorsqu'on est loin de tout village et qu'aucun Arabe n'est venu se constituer votre gardien pour obtenir un baxis (petite gratification). Quand il ne fait pas de vent, on stationne ou l'on marche à la cordelle, ce qui permet au voyageur de chasser en cheminant sur les bords du fleuve; quand le vent s'élève, on avance en dépit du courant : alors l'équipage n'a rien à faire, la voile arrondie est lestée par un mousse, qui y est mollement balancé comme dans un hamac; un homme du bord, narrateur infatigable, psalmodie de longues histoires, à la grande satisfaction de l'équipage et des passagers que l'on a coutume de recevoir à l'avant de la barque pour les porter d'un village à l'autre.

On voit des troupeaux de buffles qui se baignent ou traversent le Nil avec des passagers sur le dos : plus loin, les berges limoneuses du fleuve sont animées par des passants montés sur des ânes ou des chameaux; par des villages surmontés de minarets ombragés de gracieux palmiers; par des schadoufs et des sakies qui montent l'eau du Nil au niveau supérieur des terres[1]. Le bruit de ces sakies et schadoufs alterne avec le chant des travailleurs et le roucoulement des tourterelles. Beaucoup d'oiseaux peuplent le ciel : on voit, parfois, des familles de cigognes qui manœuvrent stratégiquement dans les airs.

On voyage agréablement sur le fleuve; mais tout à coup la barque touche un banc de sable : l'homme qui doit, à la proue, sonder la profondeur du fleuve a oublié son service; les petits mousses s'empressent de monter au mât carguer la voile relâchée; des hommes, à la proue, pèsent de toutes leurs forces sur des perches et des rames, tandis que d'autres, dépouillés de leurs grandes chemises, sont dans l'eau comme les Tritons de la fable et s'efforcent, avec leurs épaules rembrunies, de dégager la barque en criant : « El issa! el issa (encore, encore)!

Lorsque la barque est à flot et que quelques coups de courbache (nerf d'hippopotame) ont corrigé le délinquant, vous reprenez le cours de votre voyage et arrivez, après Beni-Hassan, à Achmounein, village de la rive gauche, qui conserve à peine quelques traces de l'ancienne *Hermopolis magna*, sur les ruines de laquelle il est construit : une moderne fabrique de salpêtre a employé les pierres de la belle galerie dessinée par l'expédition française. Les seuls monuments échappés à la destruction des hommes et du temps sont les vastes catacombes de la chaîne libyque, dans lesquelles on trouve beaucoup de vases contenant des momies d'ibis. Au-dessus et sur la rive droite, est Cheikababdé, où des colonnes de granit rose et des fragments rappellent encore la splendeur de l'ancienne Antinoë, fondée par l'empereur Adrien.

Vient ensuite, sur la rive gauche, et entouré de plantations de cannes à sucre, Rharamoun, où sont les pressoirs et chaudières d'exploitation; malheureusement les produits de ces sucreries restent de qualité inférieure, parce qu'on ne clarifie pas les sirops avec le sang ni le charbon animal, que le Coran a déclarés matières impures.

Sur la même rive est Melaoué-el-Arich (*Hermopolitana phylace*), aujourd'hui à une demi-heure du fleuve, qui a changé son cours. Dans la vue que je donne de ce pays, on voit l'entrée et le minaret de la grande mosquée, des dômes de santons et la grande rue couverte de nattes pour ombrager boutiques et passants. A gauche est un idiot tout nu, sur un mastabeh (siége ou divan devant les boutiques). C'est à Melaoué-el-Arich que j'ai vu un khowal, jeune garçon habillé en almée, danser dans un café, au son de la musique, et se poser sans pudeur devant de nombreux assistants : ces ignobles baladins, qui remplacent les almées, que l'on persécute, sont, en général, d'une monstrueuse immoralité.

En face et au-dessus de Melaoué-el-Arich, sont les hypogées d'el Tell, près de l'ancienne Psinaula[2]. Dans ces curieux speos le soleil n'est pas, comme partout ailleurs, ailé et entouré de serpents pour exprimer sa marche aérienne et son immortalité; le globe isolé projette seulement des rayons terminés par des mains qui semblent produire les fruits placés au-dessous d'elles : on remarque surtout que les mains placées auprès des personnes tiennent la clef du Nil ☥, emblème de la vie éternelle. On y voit aussi un cortége royal avec sa suite, un pylône orné de dix mâts pavoisés[3], des prises de colliers honorifiques; des tribunes au devant des temples, sur lesquelles on haranguait des assemblées; des palais avec tout ce que contiennent leurs différentes subdivisions : tout cela sculpté et peint d'une manière très-remarquable. Les figures ne sont pas roides, comme il arrive le plus souvent; leurs gracieux contours dénotent une belle époque de l'art.

<hr>

[1] Une schadouf se compose d'un levier à bascule à l'extrémité duquel est un sac de cuir qu'un homme remplit d'eau pour la rejeter dans un bassin supérieur; on la puise de nouveau, et de la même manière, dans ce bassin, jusqu'à ce qu'elle ait atteint la rigole qui va tour à tour arroser de petits carrés de culture. La sakie, machine plus importante que le schadouf, sert aussi à élever l'eau; elle est mue par deux bœufs ou vaches, et se compose d'une roue horizontale et d'une roue verticale imprimant le mouvement à un chapelet de jarres qui déversent supérieurement l'eau qu'elles puisent au Nil.

[2] La commission française attribue ces hypogées à Psinaula, M. Wilkinson à Alabastron.

[3] Voir un cortége, page 18, et un pylône, page 18.

Palais du gouverneur à Montfallout.

A cinq lieues environ au-dessus d'el Tell, est situé Montfallout (Moubalot), limite sud de la moyenne Égypte (Ouestanieh, ou heptanomide des anciens, sept nomes ou provinces). Cette ville, jadis si riche, ne respire plus que la misère; sa population est réduite à six mille âmes : on y voit encore deux belles mosquées, un bazar, un bain et le palais du gouverneur, représenté ci-contre. Autrefois le Nil passait loin de Montfallout, comme on peut le reconnaître à la plaine d'alluvion qui couvre la rive droite; maintenant il touche la ville, dont il enlève une partie presque tous les ans, lors de l'inondation. C'est près de Montfallout et dans la grande oasis de Thèbes que M. Aymes, chimiste français, qui exploite des mines d'alun, a trouvé des puits artésiens naturels d'où l'on voit, parfois, s'échapper des poissons.

A deux lieues au-dessus de Montfallout, est Syout (*Lycopolis*), capitale du Saïd ou haute Égypte, à soixante-treize lieues du Caire et cent treize d'Alexandrie. Elle est à un quart d'heure du Nil, auquel elle se réunit par un canal dont on voit la trace dans la vue que je représente; ce canal, momentanément à sec à cause de l'étiage du Nil, est traversé par un pont qui précède l'entrée de la ville. Plusieurs mosquées, un palais de gouverneur, une fabrique de coton, un bazar, des bains et des cafés ornent cette capitale, qui peut contenir quinze mille âmes environ, sans y comprendre les caravanes d'esclaves qui y arrivent de Nubie, du Sennár et du Kordofan.

La peste, ce fléau d'Orient qui ravage, presque tous les ans, la basse Égypte, ne se fait pas sentir dans le Saïd; aussi se sauve-t-on vers Syout pour éviter cette cruelle épidémie. C'est dans cette ville que se réfugièrent les mameluks poursuivis par l'armée française, et, plus tard, par Méhémet-Ali. Autour de Syout il y a des caravansérais, demeures hospitalières fondées par des hommes bienfaisants, où les voyageurs, riches ou pauvres, trouvent de l'ombre, des cellules, des nattes et de l'eau.

Derrière Syout, on voit, dans la chaîne libyque, des hypogées, dans le plus grand desquels sont sculptés des soldats et des décorations de caste militaire. En retournant de ces hypogées vers Syout, on jouit d'une vue magnifique : sur le premier plan, on voit de nombreux tombeaux de mameluks avec leurs petits créneaux blanchis; plus loin, les dômes et minarets qui surgissent de la ville, se dessinent sur une verdoyante campagne et sur la chaîne arabique : sur le Nil glissent de gracieuses barques à voiles blanches qui, de loin, rappellent les oiseaux et papillons qui frisent la surface des eaux.

Dans la vue du port de Syout que je représente ci-dessous, on voit un petit marché ombragé de beaux sycomores : sur le premier plan, une caravane embarque ses marchandises et effets sur lesquels est dressé le drapeau du prophète; ce drapeau, vert, à lisérés rouges, est une protection efficace contre les voleurs. Près du port, sont les magasins du gouvernement, enclos à ciel ouvert, et le petit village d'el Hamrah, que l'on voit dans le fond de la gravure, et où habitent d'infâmes barbiers cophtes, qui font métier d'émasculer les petits esclaves destinés à la garde des harems[1].

[1] On estime à trois cents par an les jeunes garçons que l'on fait eunuques, et à deux cents ceux qui survivent à l'opération. Les habitants du Sennár et du Kordofan sont si malheureux, qu'ils payent leurs contributions avec leurs enfants; ils vont jusqu'à se vendre eux-mêmes dans les temps de famine. MM. de Cadalvène et de Breuvery, auxquels on doit un intéressant ouvrage sur l'Orient, rapportent que, depuis dix ans que Méhémet possède ces pays, il s'y fait annuellement une chasse aux esclaves qui en aurait arraché environ cinquante mille à leur pays natal.

Ces pauvres créatures sont emmenées jusqu'au Caire et à Constantinople par des djellabs ou marchands d'esclaves qui payent 65 piastres ou 15 francs environ par tête pour droit d'entrée en Égypte. Ces djellabs, que l'on voit souvent auprès de Syout, sont armés de poignards qu'ils portent à leur coude gauche avec des amulettes; ils fument voluptueusement leurs pipes au milieu de négresses à demi nues entourées d'un seul petit filet de cuir à la ceinture. Ces femmes, au teint de bronze, sont joyeuses et sans souci : le sensuel musulman les recherche pendant l'été à cause de leur peau fraîche; pendant l'hiver il donne la préférence aux Circassiennes, dont la peau blanche est réputée plus chaude. (Voir la Nubienne, page 2, et le marché d'esclaves, page 4.)

Port de Syout.

Palmier doum

Au-dessus de Syout, sur la rive droite et à deux heures d'Abou-Tourrah, on trouve la grotte de Samoun, dans laquelle on entre par une fissure naturelle sur le plateau de la chaîne arabique, et où sont entassées, pêle-mêle, des millions de momies d'hommes, de femmes, de crocodiles, de chats et d'oiseaux. Les couloirs de ces immenses catacombes sont si étroits et si bas, que, pour les parcourir, il faut disputer le passage aux chauves-souris et ramper à plat ventre sur des cadavres que l'on écrase. Dans cette satanique excursion, on doit surtout craindre de s'égarer et d'allumer un incendie en touchant avec la lumière les bandelettes résineuses qui enveloppent les momies. Cette crainte n'est pas chimérique; car, dans le fond, on voit encore trois squelettes d'Arabes affreusement torturés, qui, dit-on, se sont perdus ou ont été étouffés par un incendie longtemps allumé dans ces tortueux sentiers de l'enfer. Il n'est pas prudent d'aller, seul et sans de grandes précautions, à la grotte de Samoun; car, avec les dangers auxquels on s'expose en la visitant, on doit aussi se mettre en garde contre les Arabes peu soumis de cette contrée[1].

Au-dessus de cette grotte et sur la rive gauche, un caravansérai et un beau minaret annoncent Aboutig (*Aboutis*), où l'on fait des briques et des jarres pour rafraîchir et filtrer l'eau; six lieues au-dessus est Kaou-el-Kebir (*Antæopolis*), où l'expédition française vit un temple qui a été complétement entraîné par le Nil et sur les ruines duquel on passe maintenant à pleine voile.

Vient ensuite Tahtah, où l'on cultive le pavot, et, plus loin, sur une éminence de la rive droite, Akhmym (*Chemmis* ou *Panopolis*), bourgade de sept mille âmes, dont mille chrétiens environ : on y voit des ruines égyptiennes, une importante église chrétienne et un monastère fondé par le pape Clément XII pour les prédicateurs allant en Nubie.

C'est à peu près vers Akhmym que l'on commence à voir les crocodiles. Cet amphibie, qui atteint quelquefois jusqu'à dix mètres de longueur et qui n'habite que la haute Égypte, repose le plus souvent sur des bancs de sable, dans des îlots, où il dépose ses

Crocodile.

œufs, qui y éclosent d'eux-mêmes. Le féroce crocodile est redouté de tous les animaux, excepté du petit oiseau trochilis, qui, dit-on, va sans crainte manger les mouches qui s'attachent à sa gueule. Sa peau écaillée est tellement dure, qu'il reçoit, sans s'émouvoir, les coups de fusil à balle que vous lui dirigez. C'est dans l'aine, au défaut de la cuirasse, qu'il faut l'atteindre, pour parvenir à le tuer; encore faut-il le suivre sur l'eau à la trace de son sang, pour le blesser de nouveau, ou bien attendre qu'il vienne expirer sur le rivage. Les habitants de Koft, dont nous parlerons ci-après, avaient une telle dévotion pour les crocodiles, que, lorsque leurs enfants étaient dévorés par ces carnivores amphibies, ils étaient au comble du bonheur et festoyaient parce qu'ils avaient donné le jour à ce qui servait de pâture à leurs dieux. Cette effrayante tradition ne peut plus être douteuse quand on sait que les anciens l'adoraient comme symbole de l'eau, qu'il était embaumé au milieu de leurs momies, et que, dans l'Inde, qui a tant d'analogie avec l'Égypte, les moribonds sont encore, aujourd'hui, exposés sur les bords du Gange, pour mourir religieusement en servant de pâture aux voraces animaux du fleuve sacré.

A une heure au-dessus d'Akmym et sur la rive gauche, est le village de Menchieh, où sont reléguées les filles de joie que l'on chasse de la basse Égypte. Au-dessus, sur la même rive, est Guirgeh (*Ptolemaïs*), bourgade de dix mille âmes, y compris cinq cents chrétiens, et dans laquelle on voit une belle mosquée, un couvent catholique, un bazar, une manufacture et un bain public, qui est le dernier que l'on rencontre en remontant le fleuve.

A trois lieues au-dessus de Guirgeh et à deux heures du fleuve, est Haraba (l'enterrée) Madfouneh (*Abydus*), célèbre ville des Égyptiens, qui ne contient plus qu'un palais aux trois quarts enseveli dans les décombres et le sable, et dans lequel on retrouve encore de vastes salles dont les plafonds sont soutenus par des colonnes, et d'autres taillées en voûte sur des pierres horizontales[2]. Près de ce palais, que Champollion attribue à Menephtah 1er, pharaon de la dix-huitième dynastie, on voit encore les restes du sanctuaire où était la table généalogique d'Abydus, remarquable monument historique représentant les cartouches des pharaons du temps. Il ne reste plus dans ce sanctuaire qu'un morceau de belle sculpture représentant un pharaon au milieu des divinités. Près de là sont des enceintes en briques crues, dans l'une desquelles il y a une chapelle catholique.

De Madfouneh revenant au fleuve, on trouve, à sept lieues de Guirgeh, le village de l'archout, où commence le fameux canal de Joseph, qui s'étend jusqu'au Fayoum; puis le village d'Hou (*Diospolis parva*), près duquel on voit les premiers palmiers doums, si remarquables par leurs branches bifurquées, et par leurs tiges épineuses, qui portent un feuillage courbé en éventail. Cet arbre, qui est représenté ci-dessus, ne se voit que dans la haute Égypte; il a des fruits rassemblés dont l'enveloppe ligneuse a le goût du bois de réglisse, et dont le noyau, très-dur, sert à faire des grains de chapelet.

---

[1] On pense que la grotte de Samoun était affectée à la sépulture des esclaves.　　[2] Voir cette construction, page 20, à l'article *Architecture*.

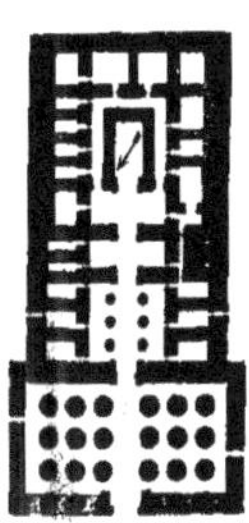

Plan du temple de Denderah.

Au-dessus de Hou, à une demi-heure du fleuve et en traversant un bosquet de dattiers, de doums et de mimosas à fleurs jaunes odorantes, on découvre le célèbre temple de Denderah (*Tentyra*); son imposante façade, que l'on peut voir ci-dessous, est tournée vers le fleuve; sur le listel de la corniche il y a une inscription grecque ainsi conçue : « Pour la conservation de l'empereur Tibère César, fils du dieu Auguste, nouvel Auguste, les habitants de la métropole et du nome élevèrent ce pronaos à Aphrodite, déesse très-grande, et aux dieux adorés dans le même temple, l'an 21 de Tibère César, au mois d'Athyr[1]. »

Le temple de Denderah, construit en grès, est remarquable par sa belle conservation : il fut commencé par Cléopâtre et Ptolémée Césarion, son fils, et continué par tous les empereurs jusqu'à Adrien et Antonin le Pieux; il est malheureusement enterré dans les décombres, ainsi qu'on peut le voir dans la vue que je représente : la porte qui le précède, et qui se reliait au mur d'enceinte sacrée, est reliée, par deux murs modernes, au portique, dont je donne aussi la vue intérieure. Les vingt-quatre colonnes, en partie enterrées, de ce magnifique portique ou pronaos sont couvertes, ainsi que les murs qui les entourent, de sculptures peintes représentant des souverains faisant des offrandes aux divinités; la voûte est ornée du fameux zodiaque rectangulaire : sur les quatre faces des chapiteaux sont des têtes d'Isis au gracieux sourire et aux oreilles du vache[2]; ces têtes, qui, toutes, ont été martelées, probablement par les chrétiens lors du christianisme ou par les musulmans iconoclastes, portent de petits temples qui supportent les soffites et les plafonds dans lesquels sont sculptés des éperviers déployant leurs ailes et portant des harpées (haches d'arme des pharaons), et où l'on retrouve des femmes nues et allongées qui, chez les anciens, étaient l'emblème de la voûte céleste[3].

Après ce vaste portique, on trouve une salle décorée de six colonnes à tête d'Isis et de sculptures peintes; cette salle communique dans les chambres et sanctuaires sacrés, et, par une rampe, à des chambres à mi-étage dans lesquelles était le zodiaque circulaire, aujourd'hui à la bibliothèque royale de Paris. Plus haut, on arrive à une belle terrasse couverte de cahutes abandonnées et dans l'angle nord-ouest de laquelle il y a un petit temple dédié à Vénus. Les prêtres pouvaient seuls sacrifier dans ce temple mystérieux, que l'on ne peut voir de l'extérieur. Ses huit colonnettes sont indiquées, sur le plan, dans les hachures qui indiquent la construction de moindre hauteur. Sur les faces latérales et postérieures du temple on voit des sculptures d'offrandes et huit demi-lions sculptés en saillie comme des gargouilles. Derrière, on trouve encore, dans les décombres, un petit temple dédié à Vénus Athor; au sud, une porte qui se reliait à l'enceinte; et, en avant, sur le côté nord, le mammisi ou typhonium, qu'on distingue à peine dans les décombres. C'était dans ces mammisis que devaient accoucher les reines : leurs enfants, demi-dieux, ne devaient voir le jour que dans l'enceinte sacrée du temple. (Voir, page 18, l'accouchement dans le temple de Luxor.)

Façade du temple de Denderah.

Presque en face Denderah et sur un canal de la rive droite, est Keneh (*Kænepolis*), à l'extrémité de la vallée qui conduit au port de Coseir, sur la mer Rouge[4]. Les voyageurs trouvent dans cette ville, qui contient douze cents âmes environ, des délégués de consuls et des ressources qu'ils ne peuvent trouver plus haut : on y fabrique beaucoup de goulleys et de bardaks, vases d'argile poreuse précieux par leur propriété de rafraîchir et de filtrer l'eau. Beaucoup de ces vases sont exportés sur le Nil en les attachant auprès les uns des autres, l'ouverture dans l'eau; ils forment ainsi un radeau qui se diminue à chaque vente[5].

Au-dessus, sur la même rive, est Koft (*Coptos*), où l'on adorait le crocodile, et ensuite Kous (*Apollonopolis parva*), pauvres villages où jadis on mettait en dépôt les productions de l'Inde, de l'Arabie, de l'Éthiopie, et dans lesquels on ne trouve plus que des ruines égyptiennes, grecques et romaines, des couvents, des églises et des mosquées construites avec les pierres des temples de religions différentes, qui se ruinent à leur tour et montrent au voyageur l'instabilité, le néant des choses humaines.

---

[1] Les inscriptions se gravaient en grec du temps même des Romains. Voir Letronne, *Recherches pour servir à l'histoire de l'Égypte*, page 172 et suiv.

[2] Tout porte à croire que la vache était la représentation animale de la Vénus humaine, et qu'il y avait fusion dans la représentation de ces divinités. (Voir, page 33, le petit temple d'Ibsamboul.)

[3] L'épervier, symbole du feu, était adoré par les habitants de Tentyra; ils étaient en guerre avec leurs voisins de Koft, qui adoraient le crocodile, symbole de l'eau.

[4] Il faut trois ou quatre jours de désert pour aller de Keneh à Coseir, où s'arrêtent les paquebots de l'Inde à Suez. Peu de voyageurs prennent cette route depuis qu'il y a des voitures qui traversent le désert du Caire à Suez. Coseir veut dire plus court ou route plus courte pour la Mecque.

[5] La tribu des Ababdés apporte à Keneh, du voisinage de la mer Rouge, un ingrédient (hemr) que l'on mêle à l'argile des vases et qui contribue à parfumer l'eau qu'ils contiennent.

SALLE HYPOSTYLE DE KARNAC

THÈBES.

RUINES DE KARNAC.

Nous venons de visiter la basse, la moyenne et une partie de la haute Égypte : nous avons vu Alexandrie, le Delta, le Caire, les Pyramides, le Fayoum ; puis, sur les deux rives du Nil, une suite de monuments égyptiens à moitié ruinés, ensevelis dans le limon du fleuve et dans le sable du désert ; des hypogées creusés dans les chaînes libyques et arabiques, enfin quelques pauvres villes et des villages plus pauvres encore : nous allons maintenant visiter les restes de Thèbes, de cette merveilleuse métropole des sciences et des arts de l'ancien monde.

Thèbes (*Diospolis magna*) est située sur les deux rives du Nil, à 134 lieues du Caire et à 172 d'Alexandrie, en suivant les sinuosités du fleuve ; de vastes ruines éparses çà et là, de pauvres villages et des champs de culture couvrent maintenant l'espace de 25 kilomètres de tour, 7 lieues environ, que Thèbes occupait jadis.

L'origine de Thèbes se perd dans la nuit des temps ; on sait seulement que les habitants du Nil supérieur fondèrent cette métropole antérieurement au XX° siècle av. J. C., car on trouve, dans les constructions de cette date déjà si ancienne (attribuées à Osortasen I"), des pierres avec des hiéroglyphes renversés, sur les faces cachées, ce qui prouve que ces pierres avaient déjà servi à d'autres monuments [1].

Si, maintenant, on se reporte à la position favorable de Thèbes, on concevra facilement qu'une ville, au centre d'une riche vallée, entre la Méditerranée, la mer Rouge et l'Éthiopie, avec un sol et un climat admirables, soit devenue une capitale à nulle autre pareille, quand surtout avec de tels éléments de prospérité elle jouissait encore de sages institutions et du séjour des pharaons, de ces orgueilleux demi-dieux dont tous les efforts tendaient à élever des monuments plus magnifiques et plus grands que ceux de leurs prédécesseurs, des monuments pour ainsi dire surhumains, pour perpétuer et diviniser leur mémoire.

Mais une si opulente et si merveilleuse métropole excitait la convoitise de barbares voisins dont le sol était moins favorisé de la nature ; aussi devint-elle, ainsi que toute l'Égypte, la proie d'avides conquérants ; et, après les invasions désastreuses des Nubiens et des Abyssins (invasions dites des pasteurs), l'histoire montre encore le fils de Cyrus, le farouche Cambyse, qui, à la tête d'une armée persane, vient, 525 ans av. J. C., piller les trésors de la vallée du Nil, décimer les populations, mettre tout à feu et à sang.

Toutefois, la seule rage de la destruction eût été impuissante pour opérer l'affreux bouleversement que l'on voit aujourd'hui ; il a fallu qu'un fatal tremblement de terre, qui eut lieu l'an 27 av. J. C., augmentât encore le premier désordre, en renversant des masses que la puissance divine pouvait, seule, ébranler. A ces premiers malheurs succéda une suite de guerres atrocement inhumaines [2]. Thèbes fut abandonnée pour Memphis et pour Alexandrie, qui devinrent successivement des centres de la civilisation qui se reportait en Occident, et, malgré quelques réparations que firent les Ptolémées, les ruines de Thèbes, de plus en plus enterrées par les décombres, le limon du Nil et le sable du désert, devinrent ce qu'elles sont aujourd'hui, le séjour de quelques misérables habitants, de bêtes fauves et d'oiseaux de proie.

Cependant, malgré tant de siècles de carnage, quoi qu'on ait pu faire pour anéantir Thèbes et bien que depuis longtemps les nations européennes la dépouillent de ses plus beaux monuments, le voyageur est encore émerveillé, confondu devant la majesté et le grandiose des ruines de Thèbes ; elles peuvent encore lui faire facilement concevoir la réalité des fabuleuses descriptions de cette métropole extraordinaire qu'Homère a si bien définie par ces mots : la Thèbes aux cent portes [3].

Les premières ruines que l'on trouve au Nord, sur la rive droite, sont celles de Karnac, ruines des plus remarquables à la fois par leur grandeur et leur vaste étendue : qu'on se figure, en effet, un espace de 130 hectares environ, couvert de pylônes, de portes triomphales, d'avenues, de sphinx, de temples, de galeries, de bassins, d'obélisques, de statues, tout cela énorme, gigantesque, riche par la matière et couvert de magnifiques sculptures peintes ; qu'on se figure, dans cet étonnant chaos de monuments abattus, des vues toujours majestueuses, grandes, de quelque côté qu'on les envisage ; on aura alors une idée des sensations que l'on éprouve en parcourant ces colossaux débris de monuments, sensations d'admiration et de regret que je ne chercherai pas à transmettre au lecteur par une description que je me sens incapable de faire et qui n'atteindrait pas le but, mais par de simples narrations et par des vues des points les plus intéressants.

---

[1] Ces divinités formaient la triade de Thèbes, voir la note 4, page 14.

[1] La science des hiéroglyphes, qui fait chaque jour de nouvelles découvertes, arrivera à expliquer clairement toute l'histoire d'Égypte, si longtemps ignorée des peuples actuels et même des peuples contemporains. (On sait que les étrangers ne pouvaient pénétrer en Égypte, comme cela existe encore aujourd'hui pour la Chine.)

[2] On émasculait les prisonniers, ou leur coupait aussi les mains, le nez, les oreilles ; on retrouve encore ces trophées barbares représentés dans les monuments, voir page 18. Cette féroce coutume est, d'ailleurs, encore suivie en Abyssinie.

[3] Il ne faut pas, par ces mots, entendre les portes d'une enceinte générale, mais bien des propylônes et portes triomphales qui précédaient les temples.

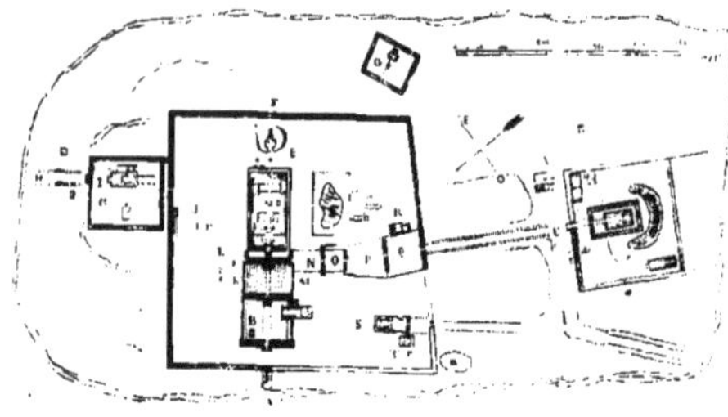

Je commencerai par la plate-forme marquée A, sur le plan ci-contre : cette plate-forme, tournée vers le fleuve, termine les restes d'une avenue de sphinx (pareils à ceux qu'on a trouvés sur la planche 15); une porte traverse la grande enceinte en briques crues, dans laquelle on voit deux énormes pylônes avec les baies qui servaient à fixer les mâts à bannières (voir planche 16); ces pylônes, précédés de deux statues colossales en granit, dégradées et enterrées dans les décombres, contiennent la grande porte servant d'entrée à une vaste cour ornée de galeries latérales, et dans laquelle on trouve, sur la face d'un pylône, une inscription de l'expédition française relatant les longitudes et latitudes des principaux points de l'Égypte; puis à gauche, au point B, un petit monument isolé, construit sous Ménephtah II (Ousireï); puis, en C, un temple dédié à Ammon-Ra par Rhamsès Meïamoun, et composé de pylônes, d'une cour à piliers de figures pharaoniques, d'un pronaos et d'un sanctuaire.

Au centre de la grande cour qui a une seconde entrée latérale au Sud, il y avait une avenue de douze colonnes, aujourd'hui renversées; une seule, encore debout, a échappé au bouleversement général, il semble que les dévastateurs et le temps ne l'aient épargnée que pour témoigner de la magnificence passée et rendre plus pénible encore le désordre qui l'entoure. On voit ci-dessous la vue de cette cour, en regardant le côté Est vers lequel nous nous dirigeons : à droite surgit des décombres un reste de figure colossale en granit, qui représentait Rhamsès III (Sésostris); cette figure et son pendant, aujourd'hui détruit ou enlevé, précédaient un vestibule, entre deux pylônes tout bouleversés, dans les ruines desquels on trouve des hiéroglyphes de grandes dimensions, avec les cartouches, prénoms de Binothris (Skhaï) et d'Amou-Touonkh ou d'Amou-Tônch, auteurs de grands monuments antérieurs à ces pylônes et à l'invasion des pasteurs, c'est-à-dire à 2300 ans environ av. J. C.

C'est en traversant les montants d'une énorme porte, qui dominent aujourd'hui les pylônes qui les dépassaient autrefois, et en franchissant de colossaux blocs de pierre, que l'on entre dans la magnifique salle hypostyle dont je donne la vue [1].

Cette salle hypostyle, une des plus belles et des plus imposantes ruines que l'on puisse voir, fut commencée, 1380 ans av. J. C., par Ménephtah I" (Ousireï) et continuée par ses fils Rhamsès II et III; elle ne contient pas moins de cent trente-six colonnes de proportion gigantesque, couvertes, ainsi que les murs au pourtour, de colossales figures, qui donnent une si grande idée des Égyptiens, qu'on serait tenté de croire à l'existence d'une race de géants. C'est la plus magnifique construction que main d'homme ait jamais élevée : elle peut assurément enorgueillir l'espèce humaine en lui montrant sa toute-puissance.

Je parlerai encore, pages 14 et 20, de cette salle extraordinaire, à l'extrémité Est de laquelle on trouve un second pylône décoré de deux obélisques en granit rose de Touthmès I"; l'un est jeté et brisé à terre, l'autre, encore debout, se voit dans la grande vue.

Après ces obélisques, vient une petite cour transversale dont les parements sont décorés par Touthmès V et son fils Amenoph III; puis une porte qui dépendait d'un pylône détruit, puis deux autres obélisques en granit rose plus grands que les premiers, élevés par la reine Amensé. Un seul de ces obélisques est encore debout; il se voit, à gauche, dans la grande vue; cet obélisque géant n'a pas moins de 30 mètres de hauteur, il semble vraiment que pour l'ériger il ait fallu des forces supérieures à l'homme [2].

[1] Hypostyle veut dire soutenu par des colonnes. C'était dans ces salles que se tenaient, à ce qu'on croit, les panégyries, réunion de gouverneurs de nomes ou provinces

[2] On ne connaît pas encore positivement le moyen employé par les Égyptiens pour l'érection des obélisques; aucune sculpture ni peinture ne le représentent. On pense qu'ils adossaient des terrassements aux pylônes. (A Edfou, un pharaon colossal, sculpté sur le pylône, enlève figurativement un obélisque avec une chaîne.)

THÈBES.

Ces obélisques, les plus grands que l'on connaisse, sont à droite et à gauche de l'entrée d'une cour, ornée, sur les quatre faces, de galeries à figures pharaoniques représentant Touthmès I", et tenant le fouet et le pédum (frein), symboles de la puissance gouvernementale [1].

Cette cour précède la partie de construction appelée appartements de granit, dans lesquels on arrive en passant entre deux piliers de granit rose, qui sont décorés de tige et de fleur de lotus en relief peint (voir planche 20, le n° 1); ces piliers précèdent un sanctuaire monolithe en granit rose, remarquable par l'incroyable richesse des sculptures peintes qui le décorent; au pourtour sont les chambres sacrées ou appartements de granit. Plus loin, dans la cour D [2], on trouve les restes d'un sanctuaire attribué à Osortasen, des fragments de colonnes polygonales pareilles à celles planche 20, n° 4, et deux blocs qui ont dû porter des obélisques; puis, en traversant cette cour D, fermée par des couloirs latéraux, on arrive à une immense salle qui s'annonçait par deux obélisques et qui précédait le palais dit de Mœris : cette salle, encore assez bien conservée au côté Nord, est toute bouleversée au côté Sud, ainsi qu'on peut le voir dans la petite gravure ci-derrière; on remarque que les chapiteaux des colonnes de cette salle, représentés planche 20, n° 5, ont une analogie frappante avec ceux des monuments de l'Inde; enfin dans l'angle Sud-Ouest de cette salle on a trouvé une chambre appelée chambre des ancêtres, dans laquelle Mœris est représenté faisant des offrandes à ces ancêtres désignés par des cartouches des plus précieux pour la chronologie des Pharaons.

Au milieu du grand axe, derrière la grande salle, on voit un petit sanctuaire du temps d'Alexandre, dans lequel sont encore, attenant à un socle, les pattes d'un épervier colossal, sculptées ronde bosse; puis, au pourtour de la grande salle, des fragments de colonnes octogonales et de colonnes à fleur de lotus dépendant des appartements de Mœris, dans lesquels on pouvait entrer par des portiques à droite et à gauche de la grande salle.

En dehors de l'enceinte, décorée de sculptures sous Rhamsès le Grand, on voit, au côté Est et adossé à cette enceinte, un petit sanctuaire contenant les restes d'un groupe colossal de Touthmès IV et de sa femme, assis près l'un de l'autre; en avant sont restés trois piliers osiriatiques et deux socles de granit qui ont dû recevoir des obélisques; plus loin, vers l'Est, en E, on a dégagé des galeries et deux piliers osiriatiques de Rhamsès III, assez bien conservés; enfin, après quelques ruines et dans l'axe s'élève encore, en F, la porte qui se reliait au mur de la grande enceinte : en dehors et à l'angle Sud-Est de l'enceinte on voit, en G, une petite enceinte avec quatre propylônes contenant un petit temple tout ruiné, attribué à Rhamsès III; puis, vers le Nord-Est, on trouve, en dehors du plan ci-dessus, les ruines de deux propylônes qui surgissent encore des monticules de briques crues qui les entourent.

Si maintenant on visite, en dehors de l'enceinte, les ruines le plus au Nord, on trouve, en H, les restes d'une estrade sur laquelle les Pharaons et les grands haranguaient les assemblées, puis les piédestaux d'une avenue de sphinx à tête humaine précédant une porte triomphale attribuée à Évergète et décorée de deux statues colossales représentant Rhamsès III en pied : après cette porte et dans l'enceinte, on trouve, en I, les bases de deux obélisques qui portent les cartouches d'Amenoph III; ces bases sont en avant d'un monument qu'on suppose être le palais d'Amenoph III, et qui ne se compose plus que des restes d'une cour carrée avec galeries sur les quatre faces, et des restes d'une grande salle qui précédait des chambres, aujourd'hui toutes bouleversées : autour du palais, dans l'enceinte et en dehors de l'avenue de sphinx, on voit encore de beaux fragments d'architecture et de sculpture.

En rentrant dans la grande enceinte on trouve, en J, près celle que nous quittons, des décombres au milieu desquels on distingue encore un portique, un pylône, un pronaos, un sanctuaire et plusieurs salles qui composaient un palais attribué à Mœris; plus loin, vers le Sud, en L, on voit les restes d'un petit temple avec les cartouches de Psammétique III, d'Amasis et de sa femme Onkhnas, fille de Psammétique.

Revenant vers la grande salle hypostyle on voit, à la face extérieure d'un reste de mur, en K, à droite et à gauche d'une porte latérale, de colossaux bas-reliefs peints représentant, d'une manière tout héroïque et avec une finesse extraordinaire, Ménephtah I" sur son char, poursuivant à coups de flèches des ennemis représentés plus petits que lui et qui fuient dans le plus grand désordre dans la partie ci-dessus gravée de ce bas-relief; Ménephtah tranche la tête à un chef qu'il a saisi dans son arc, plus loin, les ennemis réfugiés dans une forteresse implorent la clémence du vainqueur; puis les vaincus se soumettent : puis, après de nouvelles scènes de victoires sur des pays qui rappellent la Palestine, le roi revient enfin vers le Nil, désigné par des crocodiles et traversé par un pont; il rentre en triomphateur dans sa patrie, et traîne aux pieds de la triade thébaine les chefs de plusieurs nations vaincues. (Voir la triade thébaine représentée page 13.)

---

[1] Voir ces figures appelées osiriatiques dans les planche et page 10.   [2] Voir le plan page 13 ou 15.

Vue de la salle hypostyle de Karnac

Si, maintenant, on pénètre, du côté Nord, dans la grande salle hypostyle, on voit, intérieurement, d'autres tableaux représentant la baris (bateau sacré), l'arbre divin (tamaris) et des scènes de dévotion dont on peut voir une partie dans le fond du grand détail, planche 20; puis, en pénétrant dans une galerie du petit ordre, on aperçoit la vue ci-jointe de la salle hypostyle, dans laquelle sont groupés, au premier plan, quelques hommes de mon équipage qui m'avaient suivi pour voir Karnac; sur les colonnes, déjà enterrées par le limon et les décombres, on aperçoit les traces des inondations [1]; plus loin on voit les colonnes du grand ordre, et quelques parties de croisées entaillées dans la pierre [2]; enfin, dans le fond, on aperçoit des colonnes entières déplacées, renversées, qui prouvent les effets du tremblement de terre dont j'ai déjà parlé.

Sur la face extérieure du mur Sud on voit, en M, un bas-relief historique du plus haut intérêt : il montre le royaume de Juda personnifié (peut-être par le roi Roboam lui-même), parmi les peuples vaincus par Sesac (Pharaon Sésonchis) dont parle la Bible [3].

Si, maintenant, on remonte vers l'Est, on voit, en N O P Q, quatre cours précédées de quatre pylônes, que l'on appelle les propylées du Sud et qui servent, en ce moment, de carrières pour des constructions modernes; tous sont accompagnés de figures colossales monolithes en grès, en calcaire et granit, sur lesquelles on retrouve encore les cartouches des Rhamsès III et IV, d'Amenoph II, des Touthmès I et II, et de Ménephtah I". Plus loin, autour d'un vaste bassin au centre duquel séjourne encore de l'eau croupie, sont des ruines de petits édifices bouleversés; enfin, près de la cour Q, est un petit monument R, construit sous les Amenoph II et III, et dans lequel on voit un propylon en granit, une galerie et une salle à piliers pareils à ceux gravés planche 20, n° 4.

Revenant vers l'Ouest et toujours dans la grande enceinte, on trouve, en S, les restes d'un temple fondé par Rhamsès IX, de la 19 dynastie, et décoré par Rhamsès XV : ce temple, dédié à Khons, fils d'Ammon-Ra et de Mouth, se compose, en arrivant par le Nord, d'un sanctuaire tellement bouleversé et enterré, qu'on arrive presque de plain-pied sur son sommet [4].

Après ce sanctuaire vient un pronaos hypostyle, éclairé par de petites croisées évidées dans la pierre, et dont le plafond est presque tout rompu; la vue que j'en donne est prise du fond d'une fouille qui permet de voir combien cette salle est encombrée et quelle était à peu près la proportion des colonnes.

---

[1] Le Nil qui a surhaussé son lit arrose maintenant les monuments.

[2] Les carreaux de vitre paraissent avoir été inconnus aux Égyptiens ; ils faisaient seulement de petits carreaux et des verroteries de diverses couleurs.

[3] On reporte à 970 ans av. J. C. cette prise de Jérusalem. Ces peuples vaincus sont représentés par les bustes de personnages barbus, les bras liés derrière un cartouche creusé qui recouvre leurs corps et dans lequel sont gravés leurs noms.

[4] Ce sanctuaire de Khons était aussi dédié à la triade thébaine, à Ammon-Ra, père des dieux, être suprême dont tout procédait, principe mâle intimement lié à la déesse Mouth, mère et principe féminin, et à son fils Khons, né de cette union. Ammon-Ra, coiffé des plumes de la vérité, est assis sur un trône; il tient la clef de la vie et l'emblème de pureté; la divinité Mouth, coiffée de l'oiseau sacré Ibis et du pschent, tient la clef de la vie; Khons, coiffé de la natte enfantine et du croissant de la lune qui reçoit le soleil, tient le frein et le pédum, le nilomètre surmonté de la clef de la vie et de la pureté. Ils sont tous trois contenus dans un sanctuaire commun. (Voir page 13.)

Bien que la théogonie si étendue des Égyptiens ne soit pas complètement établie, on sait positivement que cette triade était réunie en principe d'unité, et que tout le polythéisme égyptien découlait de cette triade : la hiérarchie des autres divinités était, en général, composée d'un principe masculin et féminin et du produit de cette union.

Les Égyptiens crurent à l'immortalité de l'âme, à la métempsycose : l'âme des morts (le farouer des anciens) animait pendant quelque temps les animaux et revenait ensuite vivifier les momies, dont ils prenaient le plus grand soin De là, le culte des animaux; chaque ville avait son animal attitré : le bœuf Apis était principalement adoré à Memphis, le chat à Busbaste (Beni-Hassan), le lion à Léontopolis, l'épervier à Denderah, le crocodile au lac Mœris et à Kous, le loup à Lycopolis. Ces animaux représentaient encore le caractère des divinités, les vertus : le lion était le courage, le bélier la force, le canard l'amour filial, le scarabée la reproduction, le serpent l'immortalité; le crocodile était probablement l'image vivante du Nil; le taureau, la vache, le chien, le singe, le chacal, le lièvre, l'ibis et quelques poissons étaient encore des animaux sacrés, que les Égyptiens nourrissaient dans les sanctuaires avec le plus grand soin; l'on méritait la mort quand on tuait l'un de ces animaux sacrés. Il y avait fusion des animaux avec l'homme; les têtes d'animaux remplaçaient souvent celles des hommes; la tête était sacrée : aujourd'hui encore, les Arabes ne mangent pas les têtes d'animaux domestiques.

Vue des ruines de Karnac prise d'après la galerie de Khons

TEMPLE DE KHONS

AVENUE DES SPHINX

Imp. de Rougevil

THÈBES.

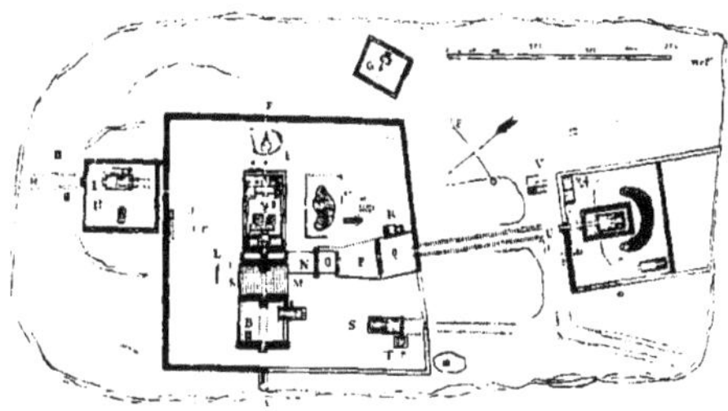

Plan des ruines de Karnac.

Le pronaos hypostyle dont je viens de présenter une vue est précédé d'une belle cour, ornée, sur trois côtés, de doubles galeries, de colonnes à fleur de lotus fermée : les colonnes de cette cour, fondée par Rhamsès IV (Meïamoun), sont enterrées dans les décombres; elles sont ornées, ainsi que les frises qu'elles supportent, de sculptures peintes représentant des offrandes par les pharaons aux divinités thébaines. Les murs sont aussi couverts de sculptures peintes : sur celui de droite on voit des pylônes avec des mâts pavoisés, gravés ci-après, page 16. Dans la vue que je donne de cette cour, on remarque, à droite, l'absence d'une colonne dont la chute n'a pas entraîné la ruine du couronnement qu'elle supportait; dans le fond on aperçoit quelques colonnes de la salle dont j'ai parlé précédemment.

Après cette cour, en traversant vers le Sud les restes enterrés d'une première avenue de sphinx et un propylon, on voit, en se retournant vers le Nord, la vue de la célèbre avenue de sphinx; de cette avenue dont je ne présente qu'une partie, qui n'avait pas moins de 2000 mètres de long et pouvait contenir six cents sphinx environ.

Les sphinx de cette avenue enterrée dans les décombres étaient en grès monolithes et reposaient sur des piédestaux; ils avaient le corps d'un lion et la tête d'un bélier (symbole de la force); on retrouve encore entre leurs pattes la figure du pharaon Amenoph, tenant le fouet et le frein, emblèmes de la puissance gouvernementale. La belle et majestueuse porte triomphale qui est au bout de l'avenue, et qui fut construite sous le règne du Ptolémée Évergète et de Bérénice, sa femme, précède les pylônes du temple dont nous venons de visiter l'intérieur; à gauche est un temple dédié à Vénus Athor (marqué T sur le plan ci-dessus), qui, à l'intérieur, est orné de beaucoup de sculptures peintes, parmi lesquelles on retrouve le cartouche du Ptolémée Évergète II et de Cléopâtre; sur la face extérieure, au Sud, il y a des sculptures du temps de l'empereur Auguste; dans le fond s'élèvent la salle hypostyle, les obélisques et le pylône restant de la grande cour de Karnac; à droite, derrière un bouquet de palmiers, on voit quelques restes des propylées du Sud, qui servent maintenant de carrières pour des constructions modernes; le chariot qui est dans l'avenue est un de ceux qui transportent les matériaux de ces pylônes.

En revenant en avant des propylées du Sud, on voit les restes d'une deuxième avenue de sphinx à tête de bélier, attribuée à Ménephtah II, qui, partant de ces pylônes, se dirige vers le Sud, et donne entrée en U, dans une enceinte en briques crues dont on ne voit plus que les traces, et qui est divisée en deux parties inégales.

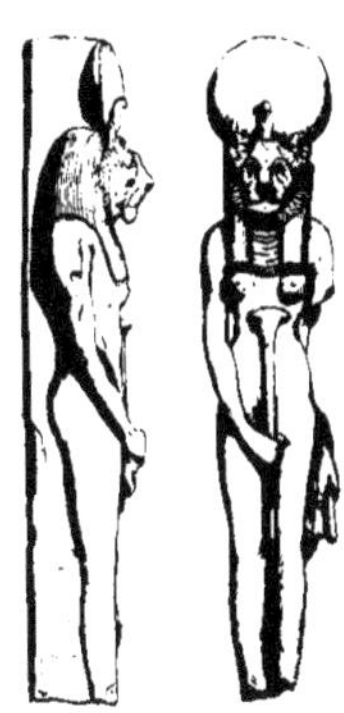

Déesse Pacht, gardienne du temple.

Dans la plus grande on voit, à droite et à gauche, parallèlement et autour d'une partie de l'enceinte, une suite de statues léontocéphales en granit, plus ou moins mutilées ou bouleversées, qui représentent la déesse Pacht, gardienne du temple; elles sont très-rapprochées les unes des autres : on peut encore en compter une centaine en place.

Le temple qui fait face à l'entrée et qui est entouré d'une deuxième enceinte était dédié à la déesse Mouth, deuxième personnage de la triade thébaine. Le fond de ce temple, fondé par Rhamsès IV, était entouré d'un bassin sacré, que les inondations viennent encore remplir partiellement.

Dans les angles opposés Est et Ouest, on voit les ruines de deux petits temples et d'un petit édifice, dans lesquels on trouve, au milieu de fragments d'architecture, de sphinx et de statues, des hiéroglyphes avec le cartouche de Touthmès III, d'Amenoph III, des Rhamsès III et IV, et celui plus récent de Ptolémée Philadelphe; revenant à la porte de cette enceinte, on voit à l'Est, en V, les ruines d'un petit édifice tout bouleversé; et à l'Ouest les restes d'une troisième avenue de sphinx se reliant un peu obliquement à la grande avenue dont j'ai déjà parlé, et qui, de Karnac, se dirigeait presque parallèlement au Nil jusqu'au temple de Luxor dont je parlerai ci-après.

On ne trouve plus, aujourd'hui, de trace de sphinx dans toute la longueur de l'avenue; mais une ligne de terrain nivelé, bordée de petits monticules égaux et d'une couleur plus foncée que celle du sol, ne laisse aucun doute sur l'existence de cette avenue, qui devenait peut-être un canal lors des inondations [1].

Il n'y a plus, maintenant, de ruines apparentes entre Karnac et Luxor; de pauvres Arabes cultivent à peine, sur les décombres de l'ancienne métropole; quelques bouquets de dattiers jetés çà et là s'opposent gracieusement aux imposantes ruines égyptiennes; ces bouquets, qui conservent toujours leurs feuillages, ne sont pas que gracieux à voir; tout est utile dans ces arbres providentiels; il n'existe peut-être pas sur terre un arbre qui rende plus de service à l'humaine espèce que cet arbre béni, il croît dans le limon et dans le sable; il ombrage les voyageurs et les cahutes des fellahs; les espèces d'écailles qui enveloppent le tronc permettent d'atteindre les fruits qui sont au sommet; ces fruits portatifs peuvent se conserver; on en fait une liqueur spiritueuse appelée araqui et du vinaigre; les noyaux se brûlent; leurs feuilles servent à faire des nattes, des paniers, des cages, des cordages, des siéges, des balais, des chasse-mouches, des palissades, des sandales, des bonnets, des bâtons; leurs filaments (liff) servent à faire des étoupes à savonnage; et les troncs droits de grande longueur, d'un bois léger et poreux, servent à tous genres de travaux [2].

Je présente, ci-dessous, quelques têtes dessinées dans les sculptures peintes des monuments de Karnac : elles peuvent donner une idée de la finesse de cette sculpture, quelquefois en saillie sur le fond, mais, le plus souvent, évidée et modelée dans la masse, qui est de grès, de pierre calcaire et même de granit; elles sont en regard de deux têtes arabes pour apprécier les rapprochements qui existent entre elles. (Voir, page 29, le temple de Betoualli pour quelques rapprochements ethnographiques.

---

[1] Dans cette narration succincte des ruines de Karnac, j'ai omis beaucoup de ruines et de petits monuments épars sur toute l'étendue des ruines de Karnac ; on pourra consulter avec fruit la description de la commission française, les ouvrages de Champollion jeune, de Champollion Figeac, de Rosellini, de Wilkenson et de Nestor Lhote, dans lesquels j'ai puisé une partie des renseignements que je donne.

[2] En février et mars, quand les fleurs sont bien développées, un homme monte sur un dattier femelle, avec une corde lâche qu'il passe sur ses reins; et, de l'autre côté du tronc, les pieds sur les écailles du tronc et les mains libres, il fixe les fleurs mâles sur les fleurs femelles épanouies. Un dattier mâle suffit pour féconder cinquante dattiers femelles ; ce soin double, dit-on, la récolte, qui se fait naturellement. Les dattiers sont une des plus grandes sources de revenu pour l'Etat ; indépendamment des impôts qui frappent sur les différents produits du dattier, chaque dattier paye encore 2 piastres à 2 piastres 1/2 (60 à 75 c.) ; on compte environ cinq millions de dattiers en Égypte.

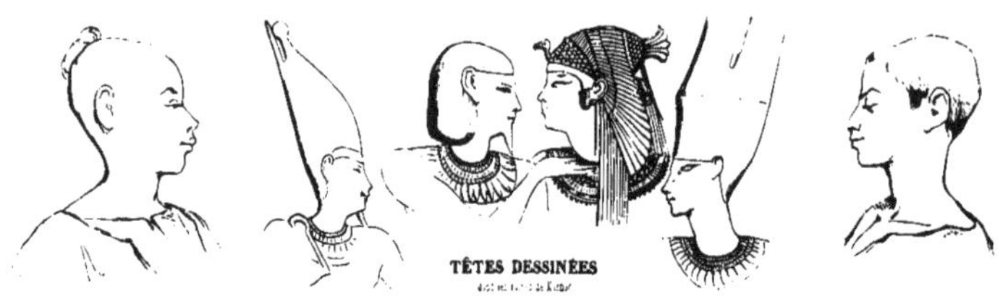

RESTAURATION
D'UNE PARTIE DE THÈBES.

Bas-relief d'un pylône dans la cour du temple de Karnac.

Profondément attristé du désordre des ruines de Karnac et de cette fatalité qui semble imposée à l'espèce humaine de voir tomber ses propres œuvres, quelque fortes et durables qu'elles puissent être, je voulus reporter ma pensée vers des temps plus heureux, à l'époque de la splendeur et de la civilisation de Thèbes, mettre debout les temples abattus, donner la vie et le mouvement à cette merveilleuse capitale aujourd'hui déserte, anéantie.

Placé sur le haut d'un pylône de Karnac, je voyais, à travers les mâts pavoisés [1], le sommet des colonnes [2] et une des galeries de la grande cour; les pylônes d'entrée et ceux du temple d'Ammon-Ra, qui sont précédés de deux obélisques [3]; plus loin je voyais les habitations de la caste sacerdotale entourées de jardins, de bassins, de galeries et de magasins pour les différentes productions de l'Égypte et des pays qui lui étaient soumis [4]. Sur les pylônes du premier plan, je voyais un éventail, des tapis, des nattes, des siéges, des coffres, des boîtes à papyrus, des vases à rafraîchir l'eau, et des porte-têtes [5], pour les prêtres qui, du haut des pylônes, étudiaient la marche des astres [6]; plus loin je voyais la porte triomphale, les pylônes et les terrasses du temple de Kons, puis la grande avenue de sphinx entourée de constructions privées, qui se relie à gauche avec les propylées du sud, et à l'extrémité de laquelle j'apercevais les pylônes, les obélisques et les mâts pavoisés de Luxor : ils se détachaient sur le beau fleuve sacré du Nil, qui était sillonné par des barques aussi riches que gracieuses.

De l'autre côté du fleuve, je distinguais au-dessus des mâts du temple de Kons un immense champ de Mars, à droite duquel on apercevait les pylônes de Médinet-Abou, puis les colosses d'Amenophis III en avant de colossaux pylônes [7], puis encore, entre les mâts des premiers pylônes de Karnac, les pylônes du Rhamesséion, le temple de Kourna, et au-dessus de ces monuments cette partie de la chaîne libyque qui contient la nécropole de Thèbes.

Au milieu de ces splendides édifices, je voyais s'agiter une immense population composée des trois castes bien distinctes, celle sacerdotale, celle militaire et celle du peuple : ces castes étaient toutes animées d'un bienfaisant amour d'ordre et d'un profond respect pour la religion et les lois qui les gouvernaient [8].

La caste sacerdotale possédait pouvoirs, honneurs, sciences et richesses. Les rois qui naissaient et étaient élevés par elle dans les temples payaient eux-mêmes tribut à la caste sacerdotale dont ils faisaient partie. Ces rois, par un sentiment de respect et de profonde politique (pour justifier leurs divins titres de demi-dieux), honoraient leurs ancêtres à l'égal de leurs dieux en les plaçant dans les sanctuaires au milieu des divinités [9].

---

[1] Les trois bannières sont bleu, jaune et rouge ; elles représentaient peut-être la basse, la moyenne et la haute Égypte.

[2] Quelques savants pensent que ces colonnes portaient des enseignes, d'autres un dais sous lequel était déposée la baris sacrée.

[3] Saint-Clément d'Alexandrie dit que « dans les magnifiques temples d'Égypte, au milieu d'or, d'argent et de pierreries, et où l'on brûlait de l'encens, les sanctuaires étaient cachés aux regards des profanes, par des voiles tissus d'or, et que, si vous avanciez pour chercher la *statue*, un grave initié soulevait le voile en chantant une hymne, et vous apercevriez un chat, un crocodile, un serpent, quelque animal dangereux ou bête sauvage se vautrant sur un tapis de pourpre. » Ces animaux étaient effectivement adorés comme symboles vivants animés par le souffle créateur, comme œuvres de la Divinité ; les peuples modernes, qui se fabriquent des idoles de matière inerte, ne sont peut-être pas plus avancés qu'eux sur ce point religieux.

[4] Ces constructions sont restituées d'après les sculptures peintes que l'on trouve dans les tombeaux : on y voit que les maisons étaient à plusieurs étages, entourées de plantations variées et disposées régulièrement; ces sculptures peintes sont, toutes, faites avec un tel soin, un tel fini de détail, que l'on peut facilement s'identifier avec les constructions privées des Égyptiens, y reconnaître ce que contiennent les magasins, quelles étaient les destinations des diverses pièces; l'observateur, par l'étude des monuments, peut facilement se reporter à une époque aussi éloignée de nous. (Voir l'intéressant ouvrage de M. Wilkinson, *Manners and customs of the ancient Egyptians*. London, 3 series, 1841.)

[5] Ces porte-têtes se retrouvent sous les têtes des momies; ils sont encore en usage au Sennar.

[6] Il est plus que probable que ce fut sous le ciel pur de l'Égypte qu'on fit les premiers rapprochements entre la marche des astres et les différents travaux agricoles. C'est par erreur que l'on a attribué le zodiaque aux anciens Égyptiens; le petit nombre de zodiaques que l'on a trouvés en Égypte sont du temps des Ptolémées, ils possédaient seulement la division de l'année en douze lunes ou mois.

[7] Un de ces colosses aujourd'hui isolés a été la célèbre statue vocale de Memnon. (Voyez page 19.)

[8] Les principales lois étaient la peine de mort pour l'homicide et le parjure (cette peine fut plus tard remplacée par des travaux dans les mines), la torture et le bûcher pour le parricide. L'infanticide devait, pendant trois jours, tenir embrassé le cadavre de sa victime; la main était coupée aux falsificateurs, la langue arrachée aux révélateurs des secrets d'État; les attentats à la pudeur étaient punis par la mutilation; la femme infidèle avait le nez coupé; son complice était fouetté, fustigé ; la femme coupable et enceinte n'était punie qu'après son accouchement; le calomniateur supportait une peine égale à celle dont il voulait frapper son ennemi; le coupable était puni même après sa mort, il pouvait être accusé et jugé à la porte de son tombeau, être privé de sépulture religieuse (voyez page 21). Enfin, comme puissant moyen de police et de moralité, chaque Égyptien, sous peine de mort, devait déclarer aux magistrats quels étaient ses moyens d'existence.

[9] Voir, page 35, le sanctuaire du grand temple d'Ibsamboul.

16

Toutefois les Pharaons inclinaient leurs têtes couronnées devant les emblèmes sacrés; les premiers ils donnaient l'exemple de l'obéissance et de la soumission aux lois. Chaque matin, les prêtres leur rappelaient qu'ils devaient faire leurs dévotions aux dieux et à leurs ancêtres, et leur traçaient la nature de leurs occupations, qui, toutes, devaient être en faveur de la religion et de leurs sujets; ces prêtres observaient, d'ailleurs, en dehors du culte, le repos des bras et des mains qu'ils tenaient cachés dans les plis de leurs manteaux; tous, excepté le roi, se nattaient cheveux et barbe, et s'épilaient pour plus de pureté; eux seuls portaient des robes blanches tissues de lin; quelques-uns, prêtres d'Osiris, portaient des peaux de panthères par-dessus leurs robes blanches; ils se chaussaient de sandales de papyrus; enfin ils ne mangeaient pas de poissons, parce que quelques-uns de ces animaux étaient sacrés. (Voyez le cortége royal, page 18.)

La caste militaire, qui venait après celle des prêtres, protégeait le pays contre les invasions, châtiait et rançonnait les barbares; elle était divisée en légions de fantassins qui manœuvraient stratégiquement au son du tambour et de la trompette : ces légions se distinguaient entre elles par des étendards symboliques et religieux, et par les noms des nomes dont elles provenaient. Les armes étaient des boucliers, des faux, des lances, des glaives, des flèches, des arcs ou des frondes, selon les différentes légions ou compagnies; il n'y avait pas de cavalerie proprement dite, mais bien quelques guerriers en char à deux chevaux, dont les roues étaient quelquefois armées de faux : ordinairement les fils de Pharaon commandaient ces différents corps d'armée [1].

La caste populaire était la seule laborieuse et productive : elle se composait d'agriculteurs-propriétaires ou fermiers [2]; on prélevait sur leurs récoltes une portion (une dîme) destinée à l'entretien du roi et des castes sacerdotale et militaire; cela formait le principal revenu de l'État [3]; venaient ensuite les industriels, les commerçants, les chasseurs, les pêcheurs, les embaumeurs et les ouvriers de toutes sortes qui étaient aussi soumis à l'impôt proportionnel; toutefois cette caste populaire jouissait de quelques droits moraux; elle pouvait, à la mort d'un Pharaon, venir à la porte de son tombeau lui reprocher ses fautes et lui faire refuser la sépulture.

Aujourd'hui qu'un profond silence et que quelques débris de monuments témoignent seuls de l'existence de la superbe Thèbes, qu'un même soleil éclaire la céleste coupole restée aussi pure que par le passé [4], et que le Nil continue à répandre ses eaux bienfaisantes sur la terre, toujours aussi fertile que par le passé, on se demande si Dieu a voulu confondre les sacriléges Pharaons qui osaient s'assimiler aux dieux, ou bien si, par une loi immuable et divine, tout doit finir par cela même qu'il a commencé.

---

[1] La caste militaire devint si forte, 6000 ans avant l'islamisme, qu'elle détruisit la théocratie sous Ménès, qui de chef militaire devint chef du gouvernement et fonda sa dynastie. Lorsque Hérodote visita l'Égypte en 460 et 462 av. J. C., on comptait 400,000 fantassins : on ne pense pas que les Égyptiens aient eu de marine militaire proprement dite. (Voir les barques, planche 25.)

[2] Le roi, à certaines époques, sillonnait pompeusement la terre, comme cela se fait encore aujourd'hui en Chine.

[3] Les historiens évaluent à 6 ou 700 millions de notre monnaie actuelle les revenus des Pharaons; les Égyptiens n'avaient qu'une monnaie conventionnelle; on payait avec des anneaux d'or et d'argent; le petit commerce payait en toile, bestiaux ou échange, comme cela se pratique encore dans le Sennaar et en Abyssinie.

[4] Champollion jeune a trouvé à Luxor une orgueilleuse inscription où la déesse Toph (Thèbes) et Ammon-Ra générateur disent au fils du grand Alexandre : Nous accordons que les édifices que tu élèves soient aussi durables que le firmament!

VUE DE FACE

LUXOR.

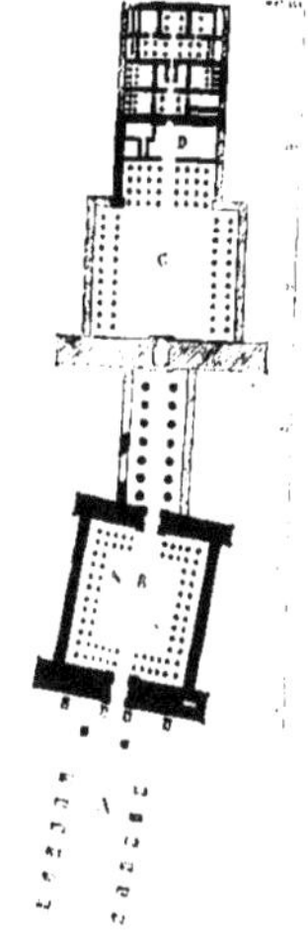

Sur la rive droite au sud de Karnac et à l'extrémité de l'avenue de sphinx marquée A sur le plan ci-contre, on trouve Luxor, bourgade de 800 âmes environ, du milieu de laquelle s'élèvent les restes détachés et à moitié ensevelis du célèbre temple ou mieux du célèbre palais qui porte ce nom.

Ce magnifique ensemble de monument fut fondé vers 2050 ans av. J. C., par Amenophis III, de la dix-huitième dynastie, auquel on attribue les pylônes, les galeries et le fond de la cour D, ainsi qu'une partie de la grande galerie qui relie les deux pylônes [1]; la cour B et le pylône d'entrée furent postérieurement construits par Rhamsès II. Le grand Sésostris, Rhamsès III, décora ce pylône [2]. Les rois Mandouei, Horus, Sabaccon l'Éthiopien et quelques Ptolémées firent plusieurs additions et réparations; le sanctuaire en granit inscrit dans le premier est d'Alexandre, fils du grand conquérant. (Voir la note 5 au verso de la page 16.)

On remarque une déviation d'axe dans la partie A B, qui fut construite postérieurement et obliquement pour éviter le voisinage du Nil, qui entraîne tout ce qui l'approche [3]. On remarque aussi que les obélisques en avant du temple n'étaient pas également distants des pylônes pour rendre moins sensible la différence qui existait entre les hauteurs des obélisques; on avait aussi, à cet effet, élevé le socle du plus petit obélisque [4].

Je présente deux vues de l'état actuel de l'entrée du temple : dans la première, on voit en avant une maison et quelques colombiers de fellahs, puis le temple qui est veuf de l'obélisque maintenant à Paris; celui qui reste, en granit rose, est encore enterré et ne laisse voir qu'une partie de sa hauteur [5]; auprès sont les restes enterrés de deux colosses en granit gris qui représentaient Rhamsès III; sur les pylônes on voit encore les trous qui servaient à fixer les attaches des mâts que l'on pavoisait; enfin, au-dessus de la porte et derrière un dôme de santon, on aperçoit la gigantesque galerie qui reliait la cour B à la cour C.

Dans la deuxième vue, qui représente les pylônes en fuite, on aperçoit trois des quatre colosses monolithes qui décoraient l'entrée du temple; le quatrième, qui ne peut être vu, est derrière le spectateur, complétement enterré dans les décombres et cahutes de fellahs [6]; plus loin est le Nil, et, dans le fond, une partie de la chaîne libyque qui contient la nécropole de Thèbes, et derrière laquelle on trouve Biban et Molouk, la célèbre vallée des tombeaux des rois dont je parlerai page 21. Sur les pylônes ébranlés probablement par le tremblement de terre de l'an 27 av. J. C., on distingue encore des sculptures qui représentent sur le pylône de droite le roi Rhamsès assis sur son trône, au milieu de son camp; il est représenté, comme toujours, d'une manière colossale relativement aux figures qui l'entourent; il reçoit des chefs militaires et des envoyés étrangers; dans le camp on voit les bagages, les tentes et chariots; au-dessus l'armée égyptienne est rangée en bataille. Les fantassins forment au centre un carré régulier, les chars de guerre sont en avant sur les flancs et en arrière de l'armée.

---

[1] Cet Amenophis est le Pharaon de la statue dite de Memnon. (Voyez page 19.) Champollion jeune traduit ainsi les inscriptions que l'on trouve sur la partie de monument qu'il fit élever : La vie! l'horus puissant et modéré régnant par la justice, l'organisateur de son pays, celui qui tient le monde en repos, parce que, grand par sa force, il a frappé les barbares; le roi seigneur de la justice, bien-aimé du soleil; ce fils du soleil Amenophis, modérateur de la région pure (Égypte), a fait exécuter ces constructions consacrées à son père Ammon : le divin seigneur des trois zones de l'univers dans l'oph du midi (partie méridionale de la portion de Thèbes, Ammon-Eï, sur la rive droite du Nil); il les a fait exécuter en pierres dures et bonnes, afin d'ériger un édifice durable : c'est ce qu'a fait le fils du soleil Amenophis chéri d'Ammon-Ra.

[2] L'inscription souvent répétée de Rhamsès III est ainsi traduite par Champollion jeune : « La vie! L'Aroeris, enfant d'Ammon, le maître de la région supérieure et de la région inférieure, deux fois aimable, l'horus plein de force, l'ami du monde, le roi (soleil gardien de la vérité, approuvé par Phré), le fils préféré du roi des dieux, qui, assis sur le trône de son père, domine sur la terre, a fait exécuter ces constructions en l'honneur de son père Ammon-Ra, roi des dieux; il a construit ce rhamesséion dans la ville d'Ammon, dans l'oph du midi. C'est ce qu'a fait le fils du soleil (ce fils chéri d'Ammon-Rhamsès), vivificateur à toujours. » Les mots entre parenthèses sont ceux qui sont dans les cartouches.

[3] Cette déviation se fait remarquer sans raison plausible dans plusieurs monuments. (Voir en Nubie, Dandour, Kalabschè.) Les Égyptiens ont-ils voulu éviter que les regards des profanes puissent pénétrer dans leurs mystérieux sanctuaires? Pensaient-ils, comme les musulmans d'aujourd'hui, que Dieu seul peut faire quelque chose de régulier? Cette déviation, que l'on retrouve dans quelques monuments chrétiens, ne résulterait elle pas aussi, en dehors de l'opinion de la tête penchée du Christ, d'un acte d'humilité qui aurait eu son origine en Orient ?

[4] Quatre cynocéphales sur chacune des faces sud-est et nord-est, des bas-reliefs d'offrandes et des inscriptions décoraient ce socle. (Voir la restauration ci-derrière.)

La mort surprit probablement Rhamsès II, lorsque, 1565 ans av. J. C., il s'occupait d'ériger l'obélisque qui maintenant est à Paris; car on retrouve sur ce même monument les cartouches de Rhamsès II et ceux de Rhamsès III, qui lui succéda vers 1330 av. J. C. L'inscription de ce Rhamsès (grand Sésostris) dit textuellement, selon Champollion : « Le seigneur du monde (soleil gardien de vérité (ou justice), approuvé par Phré) a fait exécuter cet édifice en l'honneur de son père Ammon-Ra, et lui a érigé ces deux grands obélisques de pierre, devant le rhamesséion de la ville d'Ammon.

[5] Les surfaces de cet obélisque ne sont pas parfaitement planes; elles sont à double courbure, les arêtes sont courbées verticalement, les angles sont obtus et courbes, et, pour leur donner plus de force encore, les hiéroglyphes, près les arêtes, sont moins refouillés que ceux du centre.

[6] Ce quatrième colosse est sans doute coiffé avec le pschent simple et non retroussé, comme celui qui est le plus loin du spectateur; les pschents différents étaient les représentations symboliques des deux régions haute et basse qui jadis divisaient l'Égypte.

Abatage de l'obélisque de Luxor par l'ingénieur Lebas.

Sur le pylône de gauche, on voit une bataille sanglante. Le roi, sur son char, est suivi de ses fils, aussi en char, et d'un lion [1]. Ils poursuivent à coups de flèches des ennemis qui s'enfuient dans le plus grand désordre. On y voit le passage, à gué, d'un fleuve, puis la prise d'une ville, puis les prisonniers suppliants amenés devant le roi. Ces peintures anciennes, qui ne contiennent pas moins de quinze cents figures, et qui sont groupées et dessinées avec une grande entente de l'art, sont sculptées et modelées dans la masse avec un soin et une perfection inimaginables. Dessous ces immenses tableaux sont des hiéroglyphes relatant les hauts faits représentés au-dessus ; les savants y retrouvent des dates et des noms de peuplades asiatiques. On retrouve aussi, dans la construction des pylônes, des pierres avec des hiéroglyphes qui avaient originairement appartenu à d'autres édifices plus anciens.

La petite gravure ci-dessus représente l'abatage de l'obélisque par les Français. Cette opération, qui exigeait un rare savoir, une habileté et une patience d'autant plus grandes qu'il fallait l'effectuer dans un pays où l'on manque de tout, fut confiée à l'ingénieur Lebas, qui, après les dispositions premières, effectua en vingt-cinq minutes, le 19 décembre 1831, l'abatage de cette masse, qui ne pesait pas moins de 250,000 kil., en y comptant le revêtement qui l'entourait [2] ; plus tard, le 25 octobre 1836, ce même ingénieur Lebas releva, sur la place de la Concorde, à Paris, le même obélisque avec un procédé analogue à celui qui avait été employé pour l'abatage à Luxor. Ces deux déplacements d'obélisque font le plus grand honneur à la science moderne et à l'éminent ingénieur qui a si bien su appliquer et confirmer par l'expérience tous les résultats annoncés à l'avance par la théorie de la mécanique.

Je présente, ci-dessous, une restauration de l'entrée du temple de Luxor et d'une partie de l'avenue de sphinx qui le précédait et le reliait aux monuments de Karnac. Un Pharaon se dirige vers le temple, entouré de son escorte, dans laquelle on distingue des porteurs d'éventails. A droite et à gauche, sont des habitations privées ; dans le fond, on aperçoit le Nil et les chaînes libyques et arabiques.

En présentant cette restauration et celles qui précèdent, planche et page 16, j'ai voulu donner une idée de ce que pouvaient être les monuments des anciens Pharaons, montrer leurs avenues de sphinx, leurs portes triomphales, leurs colossales figures, leurs pylônes, leurs mâts pavoisés, leurs obélisques votifs, qui s'élançaient dans les airs ; montrer cet ensemble de majestueux monuments remarquables par leur grandeur, leur matière, et par la richesse des religieuses et héroïques sculptures peintes qui les recouvraient et qui en faisaient d'inimitables livres d'histoire.

Les peuples anciens et modernes ont-ils jamais rien fait qui puisse être comparé aux monuments des Égyptiens ?

---

[1] On trouve souvent dans les sculptures peintes un lion libre à côté des Pharaons : ce roi des animaux paraît avoir été apprivoisé et avoir suivi les anciens Pharaons dans leurs conquêtes même lointaines.

[2] L'obélisque seul ne pèse que 229,500 kilogrammes ; sa base n'est pas parfaitement carrée ; sur deux côtés, il a 2 mètres 44 centimètres, et sur les deux autres 2 mètres 42 centimètres ; le carré sous-pyramidion est de 1 mètre 58 centimètres et 1 mètre 50 centimètres ; la hauteur totale est de 22 mètres 84 centimètres, en y comprenant le pyramidion dégradé, qui est de 1 mètre 94 centimètres de haut.

Avant de prendre la position horizontale, le monument fut recouvert d'une chemise en bois, pour préserver les inscriptions de toute dégradation. (Voir ci-derrière, à la note 5, l'explication d'une de ces inscriptions.) Cette chemise, retenue de distance en distance par des cadres horizontaux, était invariablement fixée, à sa base, sur un rouleau en bois encastré sur une des arêtes inférieures du monolithe.

Deux systèmes d'appareils devaient manœuvrer avec cette rotation inférieure : le premier se composait d'un câble fixé, par un bout, au sommet du revêtement ; l'autre extrémité était garnie de trois moufles dont les poulies fixes venaient s'attacher à une ancre fixée dans le sol, à 150 mètres de l'obélisque ; les cordons de ces appareils s'enroulaient sur trois cabestans et attiraient le sommet du monolithe de haut en bas. Le second appareil, ou système de retenues, consistait en huit bigues disposées en chevalet ; ces bigues, inclinées et disposées en deux groupes de quatre chacun, comprenaient entre elles l'obélisque : ainsi qu'on peut le voir dans le dessin, elles étaient moisées aux deux bords par des pièces de bois transversales ; la moise du bas était arrondie et pouvait tourner librement sur elle-même comme sur une charnière ; celle supérieure était liée au sommet du monolithe par un système de cordages déployés en éventail ; de cette même pièce de bois descendaient huit moufles dont les poulies fixes étaient attachées au sol sur une plate-forme lestée qui encadrait le piédestal de l'obélisque restant.

Les cordons des appareils étaient soumis à l'action de huit hommes qui devaient, à volonté, ralentir et même arrêter, s'il était nécessaire, le mouvement giratoire de la masse abandonnée à la force accélératrice de la pesanteur ; les choses ainsi disposées, l'obélisque, au commandement de vire partout, s'abattit peu à peu sans secousses ni dérangements. Il fut embarqué à bord du navire échoué à sec sur les bords du Nil ; cette barque, qui était à 400 mètres de distance, fut soulevée plus tard par la crue du fleuve, et se trouva à flot avec son précieux chargement. (Voir l'intéressant ouvrage, L'obélisque de Luxor, histoire de sa translation à Paris, par M. A. Lebas. Paris, 1839.)

Restauration du temple de Luxor.

MEDINET ABOU

THÈBES.

Vue d'une partie de l'intérieur de Luxor.

Dans la vue longitudinale de l'état actuel de Luxor, on voit, à gauche, l'obélisque restant, les pylônes et la tranchée faite dans une butte de décombres pour l'enlèvement de l'obélisque; puis, après les pylônes, le minaret de la mosquée de Luxor, qui s'élève au-dessus des pigeonniers et des cahutes des habitants. A la suite on voit la grande galerie à fleurs de lotus épanouies (la même que l'on aperçoit au deuxième plan dans la gravure ci-contre), puis la maison et les magasins de Méhémet-Ali construits en terre auprès et sur une partie de galerie antique; enfin l'habitation construite par les Français de l'obélisque, sur le sanctuaire même du temple, qui fut blanchie à la chaux lors du choléra, et au pied de laquelle on aperçoit les restes d'un quai antique, fait pour protéger le temple contre les envahissements du Nil. Plus loin on aperçoit quelques arbres du jardin planté par les Français, et, à l'horizon, la chaîne arabique qui s'élève derrière les mâts d'embarcations arrêtées à Luxor. Sur le premier plan on voit les restes d'un champ de pastèques, l'avant d'une cauge, et les habitants de Luxor faisant leur provision d'eau[1].

Auprès du sanctuaire de Luxor on voit, dans une salle qui devait être la salle d'enfantement, un curieux bas-relief peint, représentant l'accouchement de la reine, femme de Thouthmosis IV, et la naissance d'Amenophis III (le Memnon de la statue vocale. Voyez page 19). Dans cette scène, figurée ci-dessous, Thoth, le dieu des sciences et des lettres, à tête d'ibis (oiseau qui lui est consacré), tient d'une main un papyrus, et de l'autre il interpelle la reine, coiffée de plumes (emblème de la justice), et lui annonce qu'Ammon-Ra, le dieu générateur, lui accorde un fils. Cette reine, que l'on voit enceinte dans le deuxième tableau, est entre Chnouphis, à tête de bélier (puissance et force), et Vénus Athor, coiffée du soleil (la vie), enveloppée de cornes (cette déesse était liée à la vache, sa représentation animale). Ces divinités présentent à la reine les clefs de la vie divine, et l'introduisent dans la salle d'accouchement ou mammisi : là, on voit la reine assise entourée de matrones et suivantes; on lui frictionne les mains pour l'empêcher de s'évanouir; le nouveau-né tette son doigt, dans les bras de sa nourrice; au-dessus de sa tête est le cartouche royal, surmonté de bras qui semblent rendre grâce au ciel, qui est représenté par une teinte bleue au-dessus de tout le tableau. Entre les quatre pieds de l'immense lit de douleur, on voit les diverses divinités qui assistent à la délivrance et qui dirigent vers le nouveau-né l'emblème de la vie éternelle.

Accouchement de la reine, femme de Thouthmosis IV, et naissance d'Amenophis III.

Nous allons maintenant visiter les monuments de la rive gauche de Thèbes, qui ne le cèdent en rien, comme importance et intérêt, à ceux que nous venons de voir sur la rive droite. Nous commencerons par les ruines de Médinet-Abou, qui sont au Sud-Ouest de Luxor, à une demi-heure au delà du fleuve. Ces ruines, restes d'édifices de diverses époques, sont malheureusement enterrées dans des cahutes successivement abandonnées et superposées; elles forment un véritable musée historique, dont nous commencerons l'examen par les propylées (attribués à Antonin le Pieux), qui regardent le Nil et sont en avant d'un énorme pylône érigé sous Ptolémée Soter II. Derrière ce pylône, on voit surgir des décombres la partie supérieure d'un élégant édifice attribué à Nectanèbe, qui régna vers 400 ans av. J. C.; puis un second pylône où, malgré les traces de coups de marteau, Champollion retrouve encore le nom de Taharraka, dont on voulait proscrire la mémoire, et qui régna vers 700 ans av. J. C.

Après ce pylône, on trouve, à droite, sur des jambages de porte en granit rose, le nom de l'hiérogrammate et prophète Petamenoph, qui fit creuser la grande syringe, dont je parlerai page 21; puis vient l'antique sanctuaire d'Ammon-Ra, du roi des dieux, et du pharaon Thouthmosis I", son représentant sur la terre : dans ce monument de la plus belle époque de l'art, Champollion jeune a trouvé, près des galeries à colonnes protodoriques qui l'entourent, des salles avec de belles inscriptions des Thouthmosis II et III; l'une d'elles est ainsi conçue : « Voici ce que disent les autres grandes divinités de Toph (Thèbes) : nos cœurs se réjouissent à cause du bel édifice construit par le soleil, roi stabiliteur du monde. »

<hr>

[1] La maison et le jardin français sont restés à la disposition des voyageurs; un portier, sous les ordres du consul de France, garde la maison et le jardin; tout voyageur peut s'y installer et vivre très-économiquement à Luxor, où il y a un marché toutes les semaines. Bien que le prix des denrées soit augmenté depuis le séjour des Français pour l'enlèvement de l'obélisque, le passage des Anglo-Indiens et des touristes, qui augmentent chaque année, la vie est encore à Luxor meilleur marché qu'au Caire : on paye douze petits pains 3 piastres (75 cent.), un mouton 20 piastres (5 francs), un pigeon 1/2 piastre (10 cent.); les petits poulets s'y vendent à la douzaine ou au boisseau 1 piastre (25 cent.); ces petits poulets se font éclore par milliers dans des fours ad hoc. Le jardin français produit des figues et d'excellent raisin.

Sur le côté Sud des constructions dont je viens de parler, on voit un pavillon à trois étages, construit par Rhamsès Méiamoun, chef de la XIX' dynastie. Ce pavillon, précédé d'une petite cour, est entouré de massifs ornés de sculptures représentant d'un côté une figure colossale de Rhamsès Méiamoun châtiant un groupe de prisonniers qu'il tient d'une seule main par les chevelures; et de l'autre côté, en regard, Ammon-Ra, qui présente la harpé au Pharaon et lui dit : « Prends cette arme, mon fils chéri, et frappe les chefs des contrées étrangères. » Dessous sont agenouillés les chefs des peuples asiatiques et africains conquis par Rhamsès Méiamoun; sur le côté sont des fenêtres et des balcons soutenus par des bustes de prisonniers barbares. Intérieurement on voit, sur les faces des murs, Rhamsès Méiamoun qui prend son repas, servi par les dames du palais; il caresse ses enfants et joue avec la reine à un jeu qui ressemble à notre jeu d'échecs.

Ce pavillon précède le premier pylône du vaste palais de Rhamsès Méiamoun, sur lequel sont représentées, d'une manière colossale, des divinités livrant à Rhamsès Méiamoun des peuples du Nord et du Midi de l'Égypte; à droite est une galerie à fleur de lotus; à gauche, une autre à piliers cariatides : quoique ces galeries soient très-encombrées, on aperçoit encore des portions de magnifiques sculptures peintes, qui font vivement regretter de savoir tant de trésors enfouis sous les décombres.

Un second pylône vient après le premier; il est aussi couvert de sculptures colossales : Rhamsès Méiamoun, dans la 19' année de son règne, présente, à Ammon-Ra et à la déesse Mouth, des prisonniers que l'on croit Indous. Au milieu des pylônes est une magnifique porte en granit rose, dédiée à Ammon-Ra; une des inscriptions qui la décorent dit que les battants de cette porte étaient si richement ornés de métaux précieux, qu'Ammon-Ra lui-même se glorifiait en les contemplant.

C'est en passant par cette porte qu'on entre dans la cour dont je donne la vue; cette cour, remplie de débris et de fûts de colonnes en granit rose, qui dépendaient d'une église cophte, est entourée de galeries égyptiennes à colonnes et à piliers, qui n'ont plus que les traces des figures de Rhamsès Méiamoun qui les décoraient.

C'est sous ces galeries, dont les plafonds sont recouverts d'étoiles sur un magnifique fond bleu d'azur, que l'on trouve une suite de bas-reliefs historiques du plus haut intérêt : Rhamsès Méiamoun y est représenté dans ses conquêtes en Asie, dans ses batailles sur terre et sur mer [1]; il assiège et prend plusieurs villes, et revient triomphant faire ses dévotions aux divinités thébaines [2].

La gravure ci-dessous, qui est sur le côté Nord de la cour, représente Rhamsès Méiamoun, assis sur son trône, porté par des officiers dans une élégante châsse; la Justice et la Vérité enveloppent le Pharaon de leurs ailes; le sphinx et le lion sont au pied du trône, sous lequel sont représentés des esclaves; auprès, des petits pages portent les insignes de la royauté; autour de la châsse, les officiers portent les éventails (flabellum); derrière, viennent des princes et des hauts dignitaires, les porteurs des gradins du trône et une ligne de soldats; le tableau est terminé par un mur et des lances qui représentent un camp : en avant de la marche, des serviteurs préparent le chemin; un corps de musique (tambours, trompettes et choristes) précède des grands prêtres, un hiérogrammate et les fils de Rhamsès qui brûlent l'encens devant leur père. En avant de cette procession solennelle, on remarque la reine qui assiste aux diverses cérémonies, ce qui prouve que les femmes jouissaient alors d'un état social plus avancé que celui actuel en Orient [3].

A l'extérieur du temple, on voit, sur la face Nord, des batailles, des victoires sur terre et sur mer, un siége de forteresse et de ville et des actions de grâce aux divinités; sur la face Sud, un calendrier divisé en douze lunes ou mois indiquant les fêtes religieuses.

Tous ces tableaux, qui sont malheureusement trop enfouis et dégradés, sont des plus précieux pour l'histoire ancienne; ils donnent toutefois, par le peu qu'on en peut voir, une haute idée de la pompe et de la majesté des Pharaons au xv' siècle avant J. C. Ces belles sculptures peintes, qui ont 3,400 ans de date, sont encore très-fraiches dans quelques parties. Que seront les œuvres de notre siècle après un si long espace de temps?

---

[1] Ce grand conquérant parait avoir créé une marine militaire; on sait que les Égyptiens avaient horreur de la mer, et que ce préjugé existe aussi dans l'Inde.

[2] Dans un des tableaux des conquêtes, on voit le Pharaon sur son char; devant lui les scribes enregistrent les dépouilles immorales et sanglantes des prisonniers (l'inscription dit : mains coupées, 3,000; phallus, 3,000); ces dépouilles sont en tas au pied du char de Rhamsès Méiamoun.

[3] Il est certain que les femmes ont partagé l'autorité des Pharaons et qu'il y eut même des reines; les guerres et la barbarie rendirent les femmes esclaves. Il n'y a pas plus de deux ou trois siècles que l'on discutait, en France même, sur cette étrange question, à savoir, si les femmes sont de la même espèce que les hommes. De graves docteurs ne décidaient pas pour l'affirmative. Ne pourrait-on pas se demander aujourd'hui si ces graves docteurs étaient des hommes!

Temple de Ramsès Méiamoun

Sur le côté Sud des constructions dont je viens de parler, on voit un pavillon à trois étages, construit par Rhamsès Méiamoun, chef de la XIX' dynastie. Ce pavillon, précédé d'une petite cour, est entouré de massifs ornés de sculptures représentant d'un côté une figure colossale de Rhamsès Méiamoun châtiant un groupe de prisonniers qu'il tient d'une seule main par les chevelures; et de l'autre côté, en regard, Ammon-Ra, qui présente la harpé au Pharaon et lui dit : « Prends cette arme, mon fils chéri, et frappe les chefs des contrées étrangères. » Dessous sont agenouillés les chefs des peuples asiatiques et africains conquis par Rhamsès Méiamoun; sur le côté sont des fenêtres et des balcons soutenus par des bustes de prisonniers barbares. Intérieurement on voit, sur les faces des murs, Rhamsès Méiamoun qui prend son repas, servi par les dames du palais; il caresse ses enfants et joue avec la reine à un jeu qui ressemble à notre jeu d'échecs.

Ce pavillon précède le premier pylône du vaste palais de Rhamsès Méiamoun, sur lequel sont représentées, d'une manière colossale, des divinités livrant à Rhamsès Méiamoun des peuples du Nord et du Midi de l'Égypte; à droite est une galerie à fleur de lotus; à gauche, une autre à piliers cariatides : quoique ces galeries soient très-encombrées, on aperçoit encore des portions de magnifiques sculptures peintes, qui font vivement regretter de savoir tant de trésors enfouis sous les décombres.

Un second pylône vient après le premier; il est aussi couvert de sculptures colossales : Rhamsès Méiamoun, dans la 19' année de son règne, présente, à Ammon-Ra et à la déesse Mouth, des prisonniers que l'on croit Indous. Au milieu des pylônes est une magnifique porte en granit rose, dédiée à Ammon-Ra; une des inscriptions qui la décorent dit que les battants de cette porte étaient si richement ornés de métaux précieux, qu'Ammon-Ra lui-même se glorifiait en les contemplant.

C'est en passant par cette porte qu'on entre dans la cour dont je donne la vue; cette cour, remplie de débris et de fûts de colonnes en granit rose, qui dépendaient d'une église cophte, est entourée de galeries égyptiennes à colonnes et à piliers, qui n'ont plus que les traces des figures de Rhamsès Méiamoun qui les décoraient.

C'est sous ces galeries, dont les plafonds sont recouverts d'étoiles sur un magnifique fond bleu d'azur, que l'on trouve une suite de bas-reliefs historiques du plus haut intérêt : Rhamsès Méiamoun y est représenté dans ses conquêtes en Asie, dans ses batailles sur terre et sur mer [1]; il assiége et prend plusieurs villes, et revient triomphant faire ses dévotions aux divinités thébaines [2].

La gravure ci-dessous, qui est sur le côté Nord de la cour, représente Rhamsès Méiamoun, assis sur son trône, porté par des officiers dans une élégante châsse; la Justice et la Vérité enveloppent le Pharaon de leurs ailes; le sphinx et le lion sont au pied du trône, sous lequel sont représentés des esclaves; auprès, des petits pages portent les insignes de la royauté; autour de la châsse, les officiers portent les éventails (flabellum); derrière, viennent des princes et des hauts dignitaires, les porteurs des gradins du trône et une ligne de soldats; le tableau est terminé par un mur et des lances qui représentent un camp : en avant de la marche, des serviteurs préparent le chemin; un corps de musique (tambours, trompettes et choristes) précède des grands prêtres, un hiérogrammate et les fils de Rhamsès qui brûlent l'encens devant leur père. En avant de cette procession solennelle, on remarque la reine qui assiste aux diverses cérémonies, ce qui prouve que les femmes jouissaient alors d'un état social plus avancé que celui actuel en Orient [4].

A l'extérieur du temple, on voit, sur la face Nord, des batailles, des victoires sur terre et sur mer, un siège de forteresse et de ville et des actions de grâce aux divinités; sur la face Sud, un calendrier divisé en douze lunes ou mois indiquant les fêtes religieuses.

Tous ces tableaux, qui sont malheureusement trop enfouis et dégradés, sont des plus précieux pour l'histoire ancienne; ils donnent toutefois, par le peu qu'on en peut voir, une haute idée de la pompe et de la majesté des Pharaons au xv' siècle avant J. C. Ces belles sculptures peintes, qui ont 3,400 ans de date, sont encore très-fraîches dans quelques parties. Que seront les œuvres de notre siècle après un si long espace de temps?

---

[1] Ce grand conquérant paraît avoir créé une marine militaire ; on sait que les Égyptiens avaient horreur de la mer, et que ce préjugé existe aussi dans l'Inde.

[2] Dans un des tableaux des conquêtes, on voit le Pharaon sur son char ; devant lui les scribes enregistrent les dépouilles immorales et sanglantes des prisonniers : l'inscription dit : mains coupées, 3,000 ; phallus, 3,000 ; ces dépouilles sont en tas au pied du char de Rhamsès Méiamoun

[4] Il est certain que les femmes ont partagé l'autorité des Pharaons et qu'il y eut même des reines ; les guerres et la barbarie rendirent les femmes esclaves. Il n'y a pas plus de deux ou trois siècles que l'on discutait, en France même, sur cette étrange question, à savoir, si les femmes sont de la même espèce que les hommes. De graves docteurs ne décidaient pas pour l'affirmative. Ne pourrait-on pas se demander aujourd'hui si ces graves docteurs étaient des hommes ?

Temple de Rhamsès Méiamoun

THÈBES.

Vue intérieure du petit temple au Nord de Médinet-Abou.

Au Sud, près de Médinet-Abou, est un petit temple dédié à Thoth ; cet édifice contient un pronaos et trois salles décorées de mauvaises sculptures du temps de Ptolémée Évergète II et de sa sœur, la reine Cléopâtre. Près de ce temple, sont les traces du vaste camp retranché dont j'ai déjà parlé, à l'extrémité Sud duquel existe un petit temple à propylon, qui fut élevé à Isis par l'empereur Adrien et que les Arabes appellent Déir Schelvait.

Au Nord-Ouest de Médinet-Abou, vers la chaîne libyque, on voit, au milieu d'une enceinte de briques crues, un petit temple qui s'annonce par un propylon en avant d'une cour représentée ci-contre ; dans le fond de cette cour à galerie, on aperçoit les entrées de trois sanctuaires décorés de sculptures des Ptolémées Épiphane, Évergète et de leurs femmes Cléopâtre ; à gauche, près d'une croisée à colonnettes évidées dans le mur, un escalier conduit sur le dessus du temple, qui est en terrasse. Si de ce temple on se dirige vers le Nil, on trouve, presque au niveau du sol, des fragments de monuments et des restes de colossales figures monolithes qui, par une étrange destinée, ont leurs membres épars çà et là dans les différents musées du monde.

C'est au Nord de ce champ de monuments ravagés que s'élèvent les colossales figures d'Amenoph III, de la 18ᵉ dynastie, qui ont si vivement éveillé l'attention des voyageurs grecs et romains, à cause des sons que rendait celle qui est le plus au Nord et occupe le deuxième plan dans la gravure ci-dessous ; cette merveilleuse statue rendait en effet, presque tous les jours, au lever du soleil, un son pareil à celui que peut rendre une corde de harpe, c'est tout au moins ce qu'attestent les soixante-douze inscriptions grecques et latines que de hauts personnages ont fait graver sur les jambes et sur le socle de ce colosse. (Voyez l'ouvrage de M. Letronne.)

Mais, avant d'entretenir le lecteur des sons merveilleux, je dois d'abord considérer ces statues en elles-mêmes, dire qu'elles sont en brèche siliceuse agatifère de la première cataracte ; qu'elles ont 20 mètres de hauteur ; que la mère et la sœur d'Amenoph sont représentées à droite et à gauche, dans la hauteur des sièges ; que sur les faces latérales, des figures symboliques de haute et basse Égypte relient le trône du roi avec des tiges de lotus ; que des inscriptions ornent les dossiers des sièges et le sommet des socles ; que ces prodigieux colosses, qui furent élevés environ 1680 ans av. J. C., précédaient un temple élevé par Amenoph qui est aujourd'hui entièrement détruit ; qu'enfin ces statues, malgré les nombreuses dégradations qui les défigurent, commandent encore le respect par leur grandeur, par leur imposante immobilité et par la régularité de leurs proportions.

Revenant maintenant aux mystérieux sons rendus par la statue vocale, à cette merveille des temps passés qu'on a voulu expliquer par tant de systèmes différents, je dirai que l'on explique généralement cet effet physique par la vibration qui pouvait rapprocher, sinon grandir une fissure existant dans le granit sonore qui compose la statue ; cette vibration peut effectivement se concevoir lorsque la statue, échauffée à son sommet par les premiers rayons du soleil, était dans des conditions froides à sa base, non seulement par la terre rafraîchie pendant la nuit, mais encore par le limon du Nil, qui la recouvre en partie depuis l'époque même de sa sonorité qui n'a été remarquée que peu de temps avant J. C.

L'examen approfondi du colosse brisé de bas en haut semble justifier cette opinion, fondée d'ailleurs sur la tradition venue jusqu'à nous que le prodige n'avait pas lieu tous les jours ; en effet, le soleil pouvait être plus ou moins radieux, et rester, ainsi que la terre, plus ou moins enveloppé de vapeurs contraires à la vibration. Un si étrange phénomène fit sanctifier ce merveilleux colosse parlant :

Vue des colosses dits de Memnon. — Statue vocale de Memnon.

il devint l'objet d'un culte religieux. Ce fut à l'époque du tremblement de terre de l'an 27 av. J. C. que la partie supérieure de cette figure se détacha ; le monolithe ne rendit plus de sons. Septime Sévère, pensant que la voix deviendrait plus belle s'il rétablissait le colosse, et espérant faire de ce miracle une objection contre le christianisme qui s'introduisait en Égypte, fit compléter le colosse avec les treize assises que l'on voit aujourd'hui, et qui, loin d'atteindre le but proposé, mettaient plutôt le monolithe dans des conditions moins probables de sonorité. En effet, cette célèbre figure ne dit plus rien aujourd'hui ; cependant les Arabes l'appellent encore Salamalek (salut).

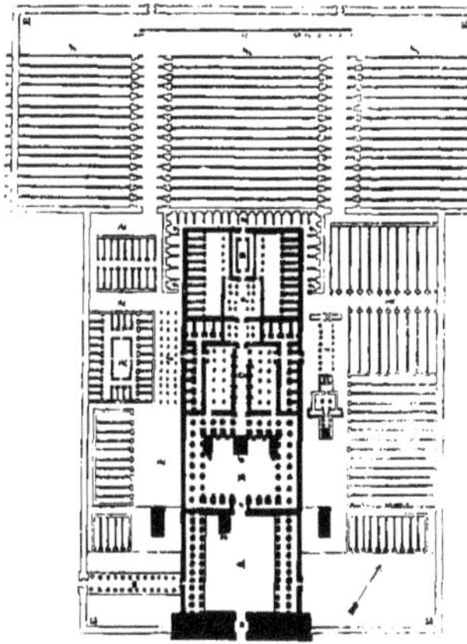

Plan restauré du Rhamesséion par feu M. Huyot.

Derrière les colosses d'Amenoph III, près la chaîne libyque, sont deux blocs de grès brèche, de 10 mètres de hauteur, couverts d'inscriptions de la belle époque ; ces blocs semblent avoir été des siéges de colossales figures aujourd'hui brisées ou enterrées dans le sol.

Le célèbre monument dont je présente une grande vue, le plan restauré et la vue générale ci-dessous, fut dédié à Ammon-Ra Souther par Amenoph III, de la 18e dynastie ; il fut terminé par Rhamsès, dont le cartouche se trouve dans toutes les inscriptions. Ce monument est regardé par quelques-uns comme le tombeau d'Osymandyas, décrit par Diodore de Sicile, d'après Hécatée, à cause de sa ressemblance avec la description de ce monument ; les mesures seules ne s'accordent pas avec celles annoncées. Champollion jeune l'appelle le Rhamesseion ou Rhamseion [1]. Ce temple ou palais est incontestablement un des plus remarquables par la disposition de son plan, par sa bonne construction en assises réglées, par l'admirable pureté de son style d'architecture et par les magnifiques sculptures peintes qui le décorent.

En avant, sur le côté du Nil, s'élèvent les restes d'un pylône détruit à sa partie supérieure et détaché par moitié dans la longueur du côté du fleuve ; ce pylône se reliait à l'enceinte E E E E et aux constructions accessoires en briques crues ; il forme un des côtés de la première cour A, du côté de laquelle le pylône est recouvert d'immenses bas-reliefs représentant des scènes militaires, des batailles, des victoires contre des peuples qui rappellent l'Asie, et que les inscriptions appellent la plaie de Scheto. C'est dans cette première cour A que se trouvent, en h, les restes de la colossale figure assise de Rhamsès le grand, du Sésostris des Grecs. Ce superbe monolithe était, comme les colosses d'Amenoph, en brèche de Syène ; il avait 11 mètres 20 centimètres de long à la base. Les fragments renversés à terre ne se composent plus que du torse et d'une partie des jambes ; la tête, chef-d'œuvre de la statuaire, orne maintenant le musée de Londres.

Sur deux des côtés de la deuxième cour B, on voit encore quelques piliers à figures pharaoniques avec le fouet et le frein ; cette cour donne entrée, par trois perrons d d d, à une magnifique salle hypostyle C, avec des colonnes à fleurs de lotus épanouies au milieu et à boutons sur les côtés. Dans la vue de cette salle, on voit ces deux ordres d'architecture ; plus loin, les débris du colosse, les piliers pharaoniques et une partie des pylônes d'entrée. Dans la coupe géométrale d'une partie de la salle hypostyle représentée sur la planche suivante, on regarde le côté opposé à la vue : dans le tableau à droite qui décore le mur du fond, on voit Rhamsès qui respire l'emblême de la vie divine qui lui est présenté par Ammon-Ra, assisté de son fils Chons ; dans celui de gauche, Vénus Athor présente les eaux lustrales à Rhamsès ; il est présenté, après ces purifications, par la déesse Mouth au même Ammon-Ra, qui tient l'emblême dentelé des panégyries et indique ainsi la date, l'époque du monument (entre deux panégyries). Au-dessous de ces tableaux, sont représentés, à droite et à gauche de la porte, dans leur ordre de primogéniture, vingt-trois enfants mâles de Rhamsès ; on remarque que le vêtement royal et un cartouche ont été ajoutés après coup au treizième de ses enfants, Memphta II, qui lui succéda : au milieu, sur la deuxième porte du fond, qui est celle de la bibliothèque, on trouve une figure de Thoth, divinité des sciences et des lettres, et cette belle inscription qui était dorée, *remède de l'âme ;* enfin, sur le plan ci-dessus, on verra, en D g h i k l, des restes d'édifices pour des besoins religieux royaux ou administratifs, et, en f et h, une suite de voûtes en briques crues à cintre surhaussé, dont la haute antiquité ne peut être douteuse, et qui servaient probablement de magasins pour les denrées de réserve.

Vue du Rhamesséion prise du haut du pylône. Dans le fond on voit une partie de la chaîne arabique de Thèbes.

---

[1] Si, comme quelques personnes le supposent, le Rhamesseion est le tombeau d'Osymandyas, c'était sur la terrasse de ce monument qu'était placé le fameux cercle astronomique en or, qui avait 365 coudées, environ 165 mètres de circonférence, 56 centimètres de largeur, et qui était divisé en 365 cases, représentant les heures du lever et du coucher des astres pour chaque jour de l'année, avec des pronostics sur les variations de température et des données sur les influences des constellations sur les nouveau-nés.

DÉTAILS D'ARCHITECTURE

THÈBES.

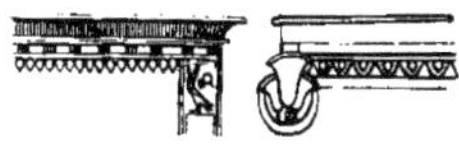

Corniches avec modillons à roues, d'après Reset Leps.

Dans cette planche qui représente à une même échelle les coupes des salles hypostyles du Rhamesseion et de Karnac et les principaux ordres égyptiens, j'ai cherché à faire briller le mérite d'une architecture que je crois trop peu appréciée. J'essayerai, de plus, de faire comprendre que cette architecture n'est pas, comme on peut le reconnaître chez tant d'autres peuples, une architecture d'imitation, mais bien une architecture née en Égypte, satisfaisant aux besoins d'une époque, et procédant du climat et de la constitution du sol.

En effet, lorsque l'on considère les monuments d'Égypte construits ou creusés dans le roc, on est frappé tout d'abord de la simplicité des masses, de la sévérité des lignes, de l'unité et de l'originalité qui les caractérisent : il semble qu'un même esprit, qu'un même artiste les ait tous conçus et fait exécuter, et que cet artiste se soit, par-dessus tout, appliqué à faire des monuments aussi durables, aussi éternels qu'il soit donné à l'homme de les faire; que, si maintenant on examine la disposition des temples, on voie les sanctuaires, qui étaient impénétrables, être très-petits et retirés au fond des temples. Dans les salles hypostyles (voyez la coupe du Rhamesseion), on voit de petits jours, traversant le plafond des terrasses, répandre la lumière dans de grandes salles et satisfaire parfaitement aux nécessités des régions tropicales ; enfin, dans la construction, où brille un sage emploi des matériaux, on voit que les blocs de granit, de grès, d'albâtre et de calcaire sont non-seulement parfaitement dressés, équarris, réunis entre eux, mais encore que leurs dimensions sont telles, que l'imagination en resterait confondue, si l'on ne savait qu'un fleuve providentiel facilitait le transport des matériaux répandus à profusion sur ses rives, si l'on ne savait encore que l'organisation sociale permettait de disposer à très-peu de frais de beaucoup de bras, et qu'enfin pendant des siècles de paix les Pharaons tinrent à honneur d'ériger des monuments toujours plus splendides, plus magnifiques que ceux de leurs devanciers : n'avaient-ils pas, en effet, besoin, pour accréditer leur origine réputée divine, de faire atteindre aux hommes le maximum de la puissance humaine ?

On concevra que, sous l'influence de semblables circonstances, l'architecture égyptienne ait atteint le plus haut point de perfection dans les données qu'elle avait à parcourir; il est même probable que, ces circonstances extraordinaires n'ayant pas à se reproduire, les générations à venir n'élèveront jamais des monuments aussi magnifiques, aussi durables que ceux des Égyptiens.

Dans la planche ci-contre, on voit à côté de la salle hypostyle de Karnac, au n° 1, un pilier carré simple coiffé d'un dé ou chapiteau, et un autre décoré de fleurs de lotus : ce système de pilier carré fut aussi décoré de corniches, comme on le reconnaîtra au-dessous, au n° 3, et de sculptures, comme on le peut voir au petit temple d'Ibsamboul (feuille 34), où des têtes de Vénus couronnent les piliers carrés; déjà on a vu des figures debout auprès des piliers carrés. Au n° 2, on voit le pilier carré épaulé sur les arêtes devenir octogonal et être le prototype de l'ordre dorique grec (voyez Beni-Hassan, page 10); au-dessous, au n° 4, les facettes sont plus nombreuses; l'une d'elles reçoit une inscription, c'est une colonne votive; enfin les colonnes sont quelquefois toutes cannelées, comme à Beni-Hassan et à Beyt-Oually, feuille 29; viennent enfin les colonnes à boutons ou fleurs de lotus, comme dans les salles hypostyles, puis celles à feuilles rabattues n° 5, qui se voient à Karnac dans les appartements de Mœris; c'est le seul cas connu; enfin, au n° 6, les colonnes sont en tige de lotus avec rubans et légendes. Je compléterai autant que possible cette nomenclature, en parlant des chapiteaux à têtes de Typhon et de Vénus, comme on les a vus à Denderah, et de ceux à feuilles de palmier et à feuilles assemblées, attribués aux Grecs et aux Romains, qui représentaient toujours la végétation d'Égypte, comme on peut le voir à Esné, à Edfou, à Philæ, planches et feuilles 22, 23, 25, 26 et 27.

Pour terminer cet examen sommaire, je ferai observer que la sculpture et l'ornementation avaient le rare mérite de marcher graduellement et en parfaite harmonie avec l'architecture; que la statuaire, pour éterniser ses œuvres, ne faisait que des bas-reliefs incrustés ou des figures assises, accroupies ou adossées à des stèles; qu'enfin l'ornementation n'avait rien de futile, puisque, tout en satisfaisant les yeux, elle parlait encore à l'intelligence [1].

---

[1] Dans les temples, la sculpture peinte apporte toujours son charme; elle décore les massifs pyramidaux des pylônes par d'immenses et durables tableaux de victoires et conquêtes. Au fond d'une première cour à simple galerie, un deuxième pylône, orné d'un plus grand nombre de mâts pavoisés que le premier et rehaussé de colossales figures, donne entrée à une deuxième cour à galeries doubles; les colonnes de ces galeries sont recouvertes de tableaux, les chapiteaux sont à fleurs de lotus épanouies, quand ceux de la première cour sont seulement à boutons de lotus; souvent deux côtés de cette cour sont ornés de piliers pharaoniques qui annoncent dignement une salle hypostyle où tout est recouvert de sculptures et d'inscriptions sans engendrer la confusion; enfin le sanctuaire le plus souvent monolithe, quand il n'était pas fouillé dans la chaîne libyque ou arabique, recevait toute la richesse, tout le grandiose, toute la majesté dont l'art égyptien était susceptible. S'agissait-il de décorer une colonne de la salle hypostyle de Karnac, par exemple, on sculptait, à la base, des fleurs et feuilles de lotus, plantes marécageuses du pays; une inscription entourait la colonne avec des rubans aux couleurs des nomes; une deuxième inscription reliait les cartouches, nom et prénoms du Pharaon régnant; elle formait la base d'un tableau d'offrandes aux dieux du nome, ce tableau était surmonté d'une ligne bleue représentant le ciel; venaient ensuite, séparées par des rubans de nomes, deux lignes de cartouches reposant sur des corbeilles symboles de propriété, de puissance, couronnés de soleils et de plumes, emblèmes de justice, entourés de serpents, emblème de l'immortalité, à clef de vie divine et coiffés des pschents bonnets de haute et de basse Égypte : au-dessus, de larges rubans de nomes relient les feuilles et fleurs de lotus épanouies, desquelles surgissent encore les cartouches royaux; enfin, au-dessus de ce gracieux chapiteau, s'élève un socle orné de cartouches, portant les frises, qui n'auraient pu reposer convenablement sur des fleurs, sur les saillies délicates du chapiteau. Les plafonds étaient aussi décorés rationnellement avec ce que l'on voit, ce que l'on peut supposer dans les airs, avec des étoiles sur un fond d'azur, avec des éperviers volants, tenant les armes de victoire et les plumes de justice, avec des inscriptions, des vœux adressés au ciel.

Vue du Menephtéum ou palais de Kourna : sous le fond, les colosses et la nécropole de Thèbes.

En continuant l'examen des monuments de la rive gauche de Thèbes, on trouve au Nord du Rhamesséion et des colosses le palais de Kourna, aussi connu sous le nom de *Menephtheion*, dont la construction, commencée par Menephta, de la 18ᵉ dynastie, fut terminée par Rhamsès II (Sésostris); il ne reste de ce monument que ce qui existe derrière la colonnade représentée ci-contre [1]. En entrant par la porte principale, au milieu de la galerie, on trouve une salle de six colonnes, soutenant encore le reste d'un plafond décoré d'éperviers, d'étoiles et d'inscriptions. C'était dans cette salle, appelée *Monóskh* (répondant au nom de salle hypostyle), que se tenaient les assemblées religieuses et politiques, et que siégeaient les tribunaux qui rendaient la justice. Autour de cette salle hypostyle, on trouve de petites chambres et des dégagements conduisant (au Sud) à une salle à deux colonnes, desservie par une entrée sur la galerie principale et diverses chambres qui ont dû servir à la demeure des Pharaons, et, au Nord, à une grande enceinte contenant un socle qui a dû porter un morceau de sculpture; enfin, dans l'axe de la salle hypostyle, on voit, après une première salle, un sanctuaire à moitié détruit, qui fut dédié à Ammon-Ra. On remarque dans tout cet édifice, qui était à la fois destiné aux dieux, aux Pharaons et à la justice, une richesse de matériaux, une magnificence et une finesse de décoration qui révèlent une des plus belles époques de l'art égyptien.

Derrière le palais de Kourna et derrière tous les édifices de la rive gauche de Thèbes s'élève la chaîne libyque, qui paraît à l'Occident comme un monument élevé par la nature, pour y déposer les morts hors des atteintes des inondations [2].

Si de Kourna on se dirige vers la nécropole de Thèbes, on trouve tout d'abord, vers le Sud, un vaste enclos que l'on suppose avoir été l'atelier des embaumeurs : il est remarquable par les évidements ménagés dans ses murs en brique crue; ces évidements m'ont paru destinés à recevoir les mâts auxquels étaient fixées les bannes protégeant les embaumeurs contre les ardeurs du soleil : au delà est la grande syringe de Petamenoph, espèce de labyrinthe souterrain à plusieurs étages, décoré de belles sculptures et précédé d'une cour avec galeries latérales creusées dans la masse. Près de là, un peu au Nord, on voit les restes d'une longue avenue de sphinx conduisant à un temple dont le sanctuaire est creusé dans la chaîne libyque : ce temple, appelé *el Assassif*, a trois entrées distinctes; il est décoré des cartouches de Touthmosis, et semble avoir été dédié à Osiris et aux divinités de l'Amenti (enfer), Meoui et Tafné (raison et force) : c'est dans ce monument hémispéos (à moitié creusé dans le roc) que j'ai trouvé une voûte remarquable par sa construction indiquée dans la coupe ci-contre.

C'est tout autour de l'Assassif, et surtout vers le Sud, que sont répandus, à chaque pas et à toute hauteur, les innombrables hypogées de Thèbes, tous bouleversés, foulés et profanés, et dans lesquels se loge une population arabe d'environ 100 familles : ces nouveaux troglodytes trouvent encore, après tant de siècles de violation, des moyens d'existence en vendant aux voyageurs tout ce qu'ils trouvent dans les tombeaux; des vêtements, des chaussures, des paniers, des vases, bijoux, instruments, manuscrits [3], toutes choses faisant la richesse de nos musées d'Europe, et que la piété, la tendresse ou la vanité des anciens Égyptiens faisait déposer dans les tombeaux. Aujourd'hui, par un étrange effet des révolutions dans les idées, on se croit autorisé à commettre, sur les morts d'une antique génération, des violations réputées sacriléges chez toutes les nations de la terre, et le voyageur ne trouve presque plus, dans ces asiles sacrés des morts, que des bas-reliefs peints représentant d'intéressants détails sur la religion, la législation, l'agriculture, les sciences et les arts des anciens Égyptiens.

A l'extrémité Sud de la nécropole, on trouve une petite vallée appelée *la vallée des Reines*, où sont les tombes des femmes des Pharaons : quelques-unes sont remarquables par la pureté et la grâce de leurs bas-reliefs.

Fac-simile d'un tableau de la vallée des Reines représentant une réunion égyptienne.

---

[1] Les colonnes de cette galerie sont à faisceau de lotus avec légendes royales : elles supportent une frise contenant cette inscription : L'Aroéris puissant, ami de la vérité, le seigneur de la région inférieure, le régulateur de l'Égypte, celui qui a châtié les contrées étrangères, l'épervier d'or, soutien des armées, le plus grand des vainqueurs, le roi *Soleil, gardien de la vérité*, l'approuvé de Phré, le fils du soleil, l'ami d'Ammon, RHAMSÈS, a exécuté des travaux en l'honneur de son père Ammon-Ra, le roi des dieux, et embelli le palais de son père le roi soleil, stabiliteur de justice, le fils du soleil MENEPHTAH-HOBEI, voici ce qu'il a fait élever..... (grande lacune),.... les propylônes du palais, et il l'a entouré de murailles de brique construites à toujours, c'est ce qu'a exécuté le fils du soleil, l'ami d'Ammon, RHAMSÈS.

[2] On se rappelle qu'au Delta on élevait des murs pour y déposer les corps morts et pour laisser à l'agriculture la terre végétale de la vallée du Nil.

[3] Ces papyrus, contenant des manifestations à la lumière (ce qui répond à notre prière des morts) ou des contrats, sont souvent écrits en grec, après avoir été écrits en langue hiéroglyphique ou démotique (écriture cursive); ils ont puissamment servi à l'étude et à la connaissance des hiéroglyphes.

THÈBES.

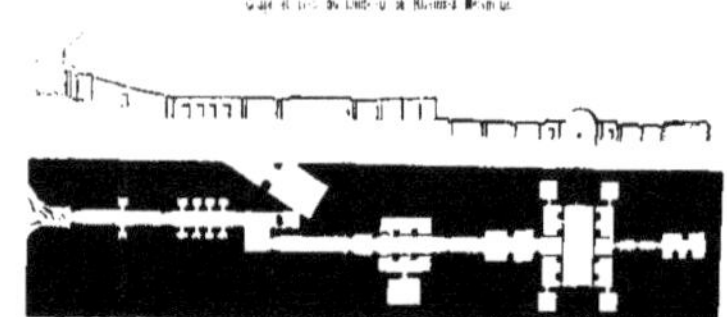

Coupe et vue du tombeau de Rhamsès Méiamoun.

Sur le versant Ouest de la chaîne contenant la nécropole de Thèbes, existe Biban el Molouk, vallée aride encaissée par deux lignes de rochers à pic, divisée, à son extrémité, en deux ravins séparés, dans lesquels se trouvent les splendides tombeaux des Pharaons des 17ᵉ, 18ᵉ, 19ᵉ et 20ᵉ dynasties thébaines ou diopolitaines.

C'est par un passage ouvert à main d'homme, près duquel sont encore quelques traces d'hiéroglyphes, que l'on entre dans cette silencieuse et mélancolique vallée de la mort. La vue que je présente fait voir le fond du ravin ou de la vallée de l'Est; on y remarque les rochers superposés en étage, jusqu'à la masse pyramidale qui domine à gauche; ces rochers sont calcinés à la surface par l'excessive chaleur : sur le premier plan, on aperçoit une longue fente, sans doute occasionnée par les excavations des hypogées; enfin on remarque des monceaux d'éclats de pierre qui encombrent la vallée, obstruent les entrées des dix-huit tombeaux connus, et bouchent les entrées d'une vingtaine de tombeaux restés inconnus et que l'on sait exister dans toute la vallée des tombeaux des rois.

Je me bornerai à donner ici une relation succincte de quelques-uns des tombeaux remarquables, en commençant par le tombeau qui est à droite dans la vue, et qui est aussi le premier ouvert et connu, à droite, dans la vallée de l'Est.

La porte de ce tombeau est surmontée d'un bas-relief analogue à celui de Rhamsès Méiamoun, dont je parlerai ci-dessous; elle donne entrée à une galerie en pente rappelant la descente des lieux infernaux; sur les parois de cette galerie on voit le rit funéraire, ou adoration aux divinités qui président aux jugements, aux destinées des âmes. Cette galerie précède la salle évidée en voûte dont je donne une vue, et au milieu de laquelle est placé un sarcophage, aujourd'hui sans momie, qui est remarquable par sa forme qui est celle d'un cartouche. Au centre de la voûte, peinte en bleu, est une grande femme, personnification du ciel; son corps, allongé et peint en jaune, est le zénith, le parcours du soleil; ses bras étendus sont à l'Orient, ses jambes à l'Occident. Les heures du jour sont représentées par des disques rouges sur le ventre; un scarabée, symbole de reproduction successive, et un soleil vivificateur, sont auprès du point sexuel de cette déesse. A droite et à gauche du sanctuaire, Rhamsès VI fait ses dévotions et offrandes; enfin, au fond est une niche qui recevait probablement les divinités et offrandes; elle est surmontée de la barie sacrée, symbole du passage de la vie terrestre à la vie céleste.

A la suite et en pénétrant plus avant dans la vallée Est, on voit d'autres tombeaux plus ou moins encombrés, dégradés et achevés; leur achèvement et leur importance font apprécier la durée relative des règnes des Pharaons, car on sait positivement que les tombes royales ne se commençaient qu'à leur avénement au trône; on trouve même parfois une petite salle creusée à la hâte, pour placer le Pharaon surpris par la mort avant l'achèvement de son tombeau.

Une des principales tombes royales est celle de Rhamsès Méiamoun, chef de la 19ᵉ dynastie, qui éleva le magnifique palais de Médinet-Abou et que l'on suppose avoir vécu vers le xvᵉ siècle av. J. C.

A l'entrée de ce tombeau, dont je donne une vue, on remarque, à droite et à gauche, deux montants couronnés de rubans et de têtes de vache, emblème de Vénus Athor; la porte, ornée de légendes avec cartouche de Rhamsès Méiamoun, est couronnée d'un tableau encadré sur trois côtés d'une bande tachetée, représentant la terre de la montagne céleste; au-dessus est une bande bleue représentant le ciel; au milieu est un disque jaune contenant un grand scarabée (génération successive), et le soleil personnifié à tête de bélier, symbole de l'hémisphère inférieur ou de la mort; à gauche est la déesse Nephthys (l'Orient), à droite la déesse Isis (l'Occident) : ces divinités, à genoux, occupent les extrémités de la course ou du parcours qu'était censé faire le soleil; ce soleil, source de tous biens, était l'emblème des Pharaons; comme lui, les Pharaons reparaissaient, renaissaient sans cesse dans leurs descendants, pour illuminer, vivifier le monde; à gauche, sur la paroi de la galerie, on voit, au-dessus d'un bouquet de lotus, la déesse Thmei (vérité et justice, fille du soleil et compagne d'Osiris), recevant l'âme du défunt à l'entrée de l'amenthi; puis le dieu Phré à tête d'épervier surmontée d'un soleil, qui rassure le Pharaon sur les lugubres pensées que pouvait faire naître l'ouverture de son tombeau[1].

Dans le plan et la coupe du tombeau représentés ci-dessus, on voit, à droite et à gauche de la galerie d'entrée, des petits cabinets décorés de sculpture peinte, représentant, dans l'un, une cuisine bien pourvue, dans l'autre des ustensiles d'agriculture; puis un arsenal, de riches barques, des meubles élégants, des fauteuils aussi confortables que ceux que nous faisons aujourd'hui, des joueurs de harpe; enfin un calendrier divisé seulement en trois saisons de quatre mois, inondation, semaille et récolte, avec indication des produits mensuels de la terre.

[1] L'inscription est celle-ci : « Voici ce que dit Phré dieu grand du ciel, nous t'accordons une longue série de jours pour régner sur le monde et exercer les attributions royales d'Horus sur la terre. »

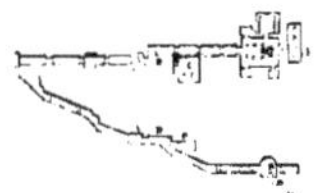

Plan et coupe du tombeau de Menephta Ier (Thèbes).

A l'extrémité de cette première galerie, on voit un trou indiquant une rencontre avec un autre tombeau, ce qui a obligé à rejeter plus loin l'axe primitif de cet hypogée[1]. Sur les parois de la galerie du nouvel axe, on voit les 42 juges ou jurés des assises infernales ; ils sont présidés par Thmei, tous sont armés de glaives ; leurs têtes, surmontées de plumes d'autruche, symbole de justice, sont celles des animaux rappelant les différents vices sur lesquels ils ont à prononcer ; c'est à ces juges que le défunt se confesse d'une manière négative : suivant les inscriptions, il déclare n'avoir point commis de méchancetés, n'avoir point blasphémé, ne s'être point enivré, n'avoir été ni paresseux, ni vorace, ni libertin, etc., etc. Vient ensuite le jugement de l'âme : Anubis pèse dans une balance, devant Osiris assis sur son trône, les bonnes et les mauvaises actions du défunt ; près de là est le cerbère de l'amenthi, composé de trois natures diverses, du crocodile, du lion et de l'hippopotame ; plus loin, on voit la représentation des 12 heures du jour et de la nuit, où les âmes reçoivent les récompenses et les peines, dans les diverses régions du paradis et de l'amenthi[2] ; enfin, en traversant de nouvelles salles et galeries plus en pente, on arrive dans la grande salle à voûte dorée, dans laquelle était le sarcophage, en granit rose, de Rhamsès Méiamoun, qui est maintenant au musée de Paris[3].

Un troisième tombeau remarquable, dans la vallée de l'Est, est le tombeau de Menephta, dont on voit le plan et la coupe ci-dessus. C'est dans la salle A, longtemps considérée comme le fond du tombeau, que Belzoni découvrit, en 1819, qu'un vide devait exister de l'autre côté d'une paroi sculptée et peinte comme tout le reste de la salle. Belzoni renversa le mur, il croyait et devait trouver, dans le fond du tombeau qu'il ouvrait le premier, des trésors, des objets curieux ; hélas ! d'adroits et puissants voleurs avaient, avant lui, percé un passage souterrain : tous les trésors étaient sortis du tombeau, peut-être peu de temps après y avoir été déposés, par le souterrain D, dont on n'a pas encore atteint l'issue ; le tombeau ne contenait rien autre que des richesses archéologiques. On voit, près l'escalier de la salle B, une curieuse représentation des différentes races d'hommes connues vers le xve siècle av. J. C. ; enfin, dans la salle C, on remarque des indications de sculptures faites au trait rouge, corrigées en noir par une main habile ; ces indications ont un tel cachet d'actualité, qu'il semble que les artistes vont venir reprendre leurs travaux, délaissés pour quelques instants.

Shai le Dieu.

Dans la vallée de l'Ouest, qui est peut-être plus triste que la première, parce qu'elle est moins ouverte et qu'elle est obstruée par des fragments de rochers tombés des ravins déchirés, on trouve quatre tombeaux, parmi lesquels est celui d'Amenoph III, dont j'ai parlé page 19, et celui de Skai, qui est au fond de la vallée et que l'on attribue aux premiers temps des dynasties thébaines. Sur les parois de ce tombeau on voit des chasses aux canards, des présentations à Osiris ; on remarque, à la suite du Pharaon, un autre personnage qui paraît être un second lui-même, et qui porte sur la tête, ainsi qu'il est représenté ci-contre, une bannière, espèce de blason qu'on retrouve aux anciens Pharaons, et qui peut-être a donné naissance à cette distinction entre le corps et l'âme des anciens, au ferouer des rois asiatiques. Ce tombeau contient un sarcophage en granit rouge, représenté ci-dessous, qui est remarquable par sa forme de petit temple et par les quatre divinités qui semblent, avec leurs ailes étendues, protéger la momie contre toutes les atteintes des profanes et l'enlever dans les régions célestes[3].

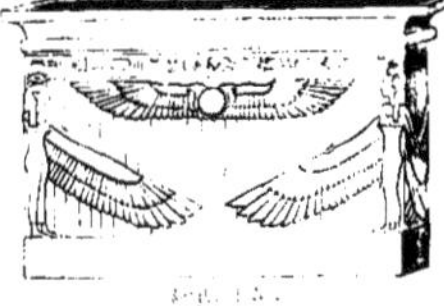

Si de Biban el Molouk on veut revoir Thèbes sans retourner vers l'entrée de la vallée, on peut, par un sentier rapide, après avoir franchi quelques rochers abrupts, atteindre un plateau de la chaîne et planer sur tout l'immense espace qui fut occupé par la célèbre Thèbes. A gauche, on aperçoit, de l'autre côté du fleuve, les gigantesques ruines de Karnac ; à droite, Luxor, qui s'élève au-dessus des cahutes de fellahs et dont les majestueux pylônes, l'obélisque et les galeries à jour se reflètent dans le Nil ; plus près, sur la rive gauche, on voit Kourna, le Rhamesseion, les colosses, Médinet-Abou et le camp retranché, qui se confond avec l'horizon ; enfin, à vos pieds, toute la nécropole de Thèbes, tombeau d'une suite de générations à jamais éteintes.

Quel profond sujet de méditation !

---

[1] Cette rencontre a judicieusement fait supposer à feu mon ami Nestor Lhôte que l'on devait rechercher les tombeaux inconnus à côté des tombeaux qui ne suivaient pas le même axe.

[2] Dans cet enfer des premiers temps, on voit des âmes perverses peintes en noir sous formes humaines, suspendues la tête en bas ; d'autres traînent leur cœur sorti de leur poitrine ; d'autres, attachées à des poteaux, sont menacées par les glaives des gardiens de la zone. Auprès des supplices, Champollion jeune lit cette inscription : « Les âmes ennemies ne voient point notre dieu lorsqu'il lance les rayons de son disque ; elles n'habitent plus dans le monde terrestre et elles n'entendent plus la voix du dieu grand lorsqu'il traverse leur zone. » Les âmes bienheureuses sont dans les champs Élysées, où elles présentent des offrandes au seigneur de la joie du cœur ; elles y cueillent des fruits des arbres célestes et y moissonnent les champs du paradis ; on les voit, sous les yeux du dieu Nil, se baigner dans les eaux pures du paradis, rire, folâtrer. L'inscription près de ces âmes dit « Elles ont trouvé grâce auprès du dieu grand, elles habitent les demeures de gloire, celles où l'on vit de la vie céleste ; les corps qu'elles ont abandonnés reposeront à toujours dans leurs tombeaux, tandis qu'elles jouiront de la présence du dieu suprême. »

[3] On voit, au musée de Turin, un très-beau papyrus représentant le tombeau de Rhamsès Méiamoun.

[3] Voyez les lettres écrites d'Égypte, en 1838 et 39, par Nestor Lhôte. Paris, 1840. Les gravures de cette page sont extraites de cet ouvrage.

HERMENT,

ESNÉ. — CONTRA-LATO, EL KAB.

Vue du petit temple ou mammisi d'Herment.

A Herment, l'ancienne Hermonthis, capitale du nome de ce nom, on trouve les restes d'un grand et d'un petit temple. Le grand temple, qui paraît avoir été élevé par l'empereur Adrien, ne se compose plus que de quelques têtes et fragments de piliers osiriaques épars çà et là, et de quelques bases très-ornées, occupant encore leur emplacement primitif et rappelant celles des salles hypostyles de Karnac et du Rhamesséion. Au milieu de ces ruines, on voit un piédestal avec les débris d'une statue de scribe tenant un papyrus.

Au Nord de ce grand temple et près du petit on découvre les vestiges d'un vaste bassin avec les marches qui servaient à y descendre, et, à l'Est, les ruines d'une église cophte où l'on voit encore debout des fûts de colonnes en granit rose.

Le petit temple ou mammisi que l'on aperçoit dans le fond de la vue ci-dessus fut construit par la célèbre Cléopâtre en commémoration de la naissance de Césarion, fils de César; il se compose d'un vestibule dans lequel dégage un escalier montant à la terrasse, et d'une salle derrière laquelle est un réduit consacré à l'accouchement. La reine Cléopâtre, qui, selon l'inscription, est appelée la déesse Ritho, modératrice souveraine du monde, à laquelle elle est substituée, est représentée dans les douleurs de l'enfantement; elle est assistée par trois aides divines, l'accoucheuse, la nourrice et la berceuse.

Ce curieux monument, qui fait aujourd'hui partie de l'habitation du cheik d'Herment, n'a jamais été achevé, comme on peut le reconnaître dans la vue ci-dessus. On conçoit, en effet, qu'Auguste et ses successeurs, qui ont terminé tant d'édifices, devaient être peu empressés d'en achever un qui consacrait la naissance d'un enfant dont ils avaient méconnu les droits à la royauté.

Esné, la Latopolis des anciens, à deux heures au Sud d'Herment, est la station des caravanes du Darfour et du Sennaar : son bazar est assez bien approvisionné; il s'y fait un grand commerce de chameaux. Le quai élevé pour protéger les habitations que le Nil menace d'entraîner à chaque inondation fut construit avec les matériaux provenant du temple de Contra-Lato, qui existait près d'Esné, sur la rive droite du fleuve[1].

C'est au milieu des habitations d'Esné que l'on trouve les ruines d'un magnifique temple dédié à la triade Chnouphis, Neith et Haké, et aux autres dieux Osiris, Khons, Thoth, Phré, Atmou, Thoré. Le pronaos de ce temple, dont je donne une vue, fut commencé par Évergète Ier et Bérénice sa femme, et continué par plusieurs rois et empereurs[2]; il est enrichi de sculptures et d'inscriptions sur toutes ses parois; un zodiaque a été représenté au plafond : cette salle, à moitié enterrée, sert de magasin de coton; on la ferme encore, suivant l'ancienne méthode égyptienne, avec une bande de toile placée en travers de l'ouverture de la porte et scellée avec le sceau du gardien sur de la terre fraîchement mouillée. Le reste du monument est tellement enclavé au milieu de propriétés diverses, qu'on ne peut l'apercevoir.

Le gouverneur d'Esné, hospitalier et bon vivant, accueille avec distinction et cordialité les voyageurs européens; il débute par leur faire les honneurs du fauteuil à bras (siége de justice), qui est placé à la porte de son habitation; puis il leur fait goûter tous les plaisirs de l'hospitalité orientale, tels que le dîner en plein air, le café, la pipe; et, dans la soirée, le spectacle des almées[3]

---

[1] On a pu savoir, par des fragments d'inscriptions, que le monument de Contra-Lato était dédié à Ammon, générateur, et à Vénus; la troisième divinité est restée inconnue. Par les lettres T R retrouvées dans les hiéroglyphes du quai, Nestor l'hôte suppose que le temple avait été élevé par Trajan.

[2] Parmi les cartouches, on voit ceux de Géta, que l'on a pu déchiffrer tout martelés qu'ils sont; on sait que son frère avait proscrit son nom après l'avoir fait assassiner.

[3] Le dîner doit être pris en plein air pour se conformer à l'esprit du Coran, qui veut que l'on ne fasse dans sa maison que ce que l'on doit cacher. Avant le repas, on procède au lavage des mains, pour lequel un esclave, la serviette sur l'épaule, présente à chacun le bassin et l'aiguière; puis tous les convives s'accroupissent autour d'une table ou plateau d'étain, sur lequel les mets se succèdent avec variété et profusion. On plonge tour à tour les doigts dans le pilau au riz, dans les ragoûts fortement épicés; puis vient le rôti homérique, le mouton entier, moins la tête que les musulmans ne mangent pas, parce que c'est sur la tête des victimes que doivent peser toutes les imprécations et tous les malheurs dont on pourrait être menacé. Chacun tire à soi, arrache de son mieux quelques lambeaux de chair mal cuite; enfin du laitage et des pâtisseries sucrées terminent ce festin arrosé d'eau fraîche et d'araqui eau-de-vie de dattes. Après le repas, pendant lequel les convives ne se font pas faute d'éructations qui témoignent de son abondance, on passe à un second lavage de mains, indispensable pour des hommes ignorant l'usage des cuillers et des fourchettes; ensuite on distribue le café et les pipes, et les nombreux domestiques s'écartent quelque peu pour dévorer les débris du festin.

44

Ces almées, vives et joyeuses, dansent à la lueur des flammes de bois résineux, entourées de musiciens et de chanteurs qui les excitent par une musique bruyante chantée à l'unisson, avec accompagnement de claquements de mains, tandis qu'elles-mêmes jettent sans cesse aux spectateurs de plaisantes paroles improvisées. Ces naïves filles de la nature, aux vêtements transparents, ne voilent point leurs émotions; ce qu'elles éprouvent, elles l'expriment et le font éprouver au spectateur. Vraies bacchantes antiques, ces sylphides d'Orient réalisent, chez les musulmans, les rêves d'amour avec les divines houris promises par Mahomet : il semble qu'elles n'ont que le souffle d'un moment à dépenser sur la terre, on voudrait s'envoler avec elles au paradis des vrais croyants; cependant le Turc, blasé par l'habitude, reste froid et grave devant leurs poses lascives et leurs gestes passionnés.

Ces sortes de fêtes se prolongent fort avant dans la nuit; de temps en temps on tire des coups de pistolet et de fusil, sans doute pour réveiller l'assemblée, qui s'endormirait. Dans la danse que nous représentons ici, l'une des almées, ayant sur la tête un vase rempli d'eau, se défend, en badinant, avec un sabre, contre ses adorateurs. Voici quelques-uns des airs de danse usités dans ces occasions [1].

Au Nord d'Esné, on voit les restes d'un temple attribué à Évergète Ier, à Bérénice sa femme, à Philopator, à Adrien, à Antonin et à Vérus, d'après les cartouches que l'on retrouve sur l'aute et sur la seule colonne restant de ce monument. Dans le soubassement, on remarque des figures à genoux recouvertes de cartouches avec noms de tribus vaincues en Perse, en Thrace et en Macédoine. Le mauvais état des bas-reliefs ne permet malheureusement pas de savoir par qui ces conquêtes ont été faites.

Au Sud d'Esné, sur la rive droite, on voit une roche évidée transformée en chambre monolithe; plus au Sud, on arrive aux ruines d'El Kab (ancienne Éléthya des Grecs), dont l'enceinte en brique crue est remarquable par sa construction, assise sur un lit ondé; à l'intérieur, des pentes douces allant dans des directions diverses permettent de monter sur les murs d'enceinte [2]; au centre de cette fortification s'élèvent les restes d'un grand temple dont on a enlevé les matériaux.

La chaîne arabique, à l'Est, contient une cinquantaine de tombeaux extrêmement curieux et très-anciens [3]; on y voit des scènes de mœurs des anciens Égyptiens; l'agriculture, la navigation, la vendange, la chasse, la pêche, la musique, la danse et les douceurs de l'amour y sont représentées. Le tombeau de *Phapé*, hiérogrammate d'Éléthya, est un des plus curieux.

Musique. Extrait d'un bas-relief du palais de l'intérieur, tiré du tombeau de Phapé, hiérogrammate à Éléthya.

A une demi-heure des tombeaux, on trouve, dans une vallée qui conduit à la mer Rouge, une petite chapelle en grès, dédiée à Ammon-Ra par Thoutmosis IV; près de là est un petit temple à moitié creusé dans la montagne, dédié à Lucine et construit au temps des Ptolémées : ce temple se compose d'une cour environnée de colonnes, d'un pronaos et d'un naos; on y arrive par une rampe douce avec murs d'appui.

---

[1] Champollion jeune a retrouvé dans les tombeaux d'El Kab ces paroles d'une chanson égyptienne : — Battez pour vous (bis), ô bœufs! — battez pour vous (bis) des boisseaux pour vos maîtres. — Autrefois, comme aujourd'hui encore, tout, en Égypte, se faisait en chantant.

[2] Ces murs ont 10 mètres d'épaisseur à la base. H au sommet les rampes intérieures ont 6 mètres de large; les briques ont 50 centimètres sur 10 et 20 centimètres d'épaisseur.

[3] On n'y voit pas le jugement de l'âme qui existe dans les tombeaux modernes.

EDFOU.

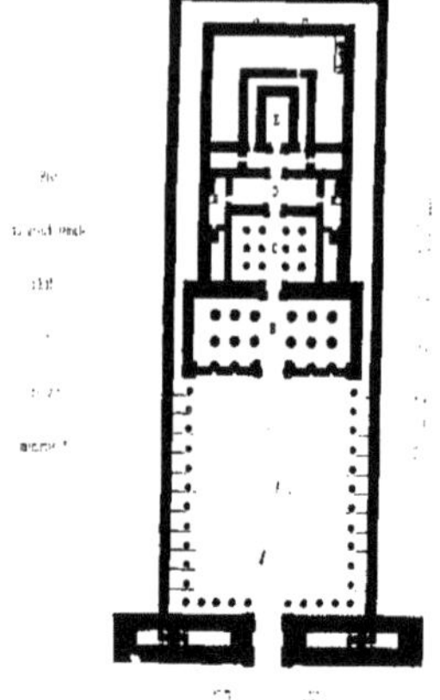

Sur la rive gauche du Nil, à 20 lieues environ au-dessus de Thèbes, s'élève le magnifique temple d'Edfou, qui s'appelait Hatfouh au temps des Égyptiens, et Apollonopolis Magna au temps des Grecs. Ce temple, qui est un des plus importants et des plus complets de toute la vallée du Nil, est malheureusement enterré au milieu de cahutes de fellahs, qui l'encombrent de toute part, ce qui rendra forcément incomplète la description que je vais essayer d'en donner.

Deux pylônes colossaux, tournés vers le Sud, annoncent majestueusement l'entrée du temple; de gigantesques sculptures évidées dans la masse ornent ces pylônes; au sommet, on voit, sur un double rang, les divinités du temple et celle des temples du nome recevant les offrandes de Ptolémée Soter II et de son frère Alexandre; au-dessous, à moitié enseveli dans les décombres, un Ptolémée de proportion colossale châtie avec la harpe divine les populations rebelles, qu'il tient d'une seule main par la chevelure. Au bas du massif de droite, un mauvais petit bas-relief, ajouté après coup, représente l'empereur Claude adorant les divinités du temple; enfin, sur la face interne du même massif, on remarque, au milieu des autres sculptures d'offrandes et de dévotion, un Ptolémée qui élève figurativement un obélisque avec une chaîne [1]. Ces pylônes, tout couverts de sculptures, excepté sur les facettes internes, contiennent encore, avec les évidements et les trous destinés à recevoir les mâts pavoisés qui s'élevaient au-dessus des pylônes, les escaliers rectangulaires pour monter aux terrasses des galeries de la cour, à la petite terrasse au-dessus de la porte, aux terrasses au haut des pylônes et à quatre étages de chambres éclairées par de petits jours qui traversent les sculptures postérieurement faites.

La porte d'entrée, qui aurait 16 mètres de haut si elle était dégagée, est ornée de sculptures d'offrandes; deux consoles en assises existent à droite et à gauche de la traverse supérieure, elles supportaient probablement un rideau ou les traverses d'un léger porche en bois. Cette porte, qui est la seule entrée du monument, conduit dans une belle cour à galeries A, précédant le pronaos B, auquel on arrivait par un sol en pente. Cette cour, ces galeries et ce pronaos, à moitié enterrés dans les décombres, servent aujourd'hui de magasin pour les denrées et dîmes du gouvernement. Toutes les colonnes de la galerie sont de moins en moins hautes à mesure qu'on monte les degres vers le pronaos. Tous les chapiteaux d'un même côté sont variés et répétés symétriquement au côté correspondant; au pronaos on remarque deux chapiteaux palmiers qui contribuent puissamment à l'élégance de sa façade [3], et, parmi les sculptures, le dieu Har-Hat identifié avec le soleil et représenté symboliquement à chacune des douze heures du jour, avec le nom de ces heures. Toute la cour A et le pronaos B sont recouverts de tableaux d'offrandes et de dévotion, de sculptures symboliques et d'inscriptions hiéroglyphiques parmi lesquelles on voit les cartouches d'Épiphane, de ses fils Philométor et Évergète II, de Soter II et d'Alexandre, son frère.

Les décombres empêchent de pénétrer au delà du pronaos; ce n'est que par un trou sur la terrasse, et en rampant par un long et obscur couloir, que j'ai pu arriver dans le naos C. Cette salle, sans jour ni air, est aujourd'hui remplie de chauves-souris qui, réveillées par le bruit et la lumière, menacèrent sans cesse, dans leurs rondes funèbres, d'éteindre mon indispensable flambeau; c'est à peine si, dans ce séjour infect, j'ai pu reconnaître le dessus des chapiteaux, et la porte conduisant à la salle D et au sanctuaire E : ces salles sont complétement obstruées par les immondices.

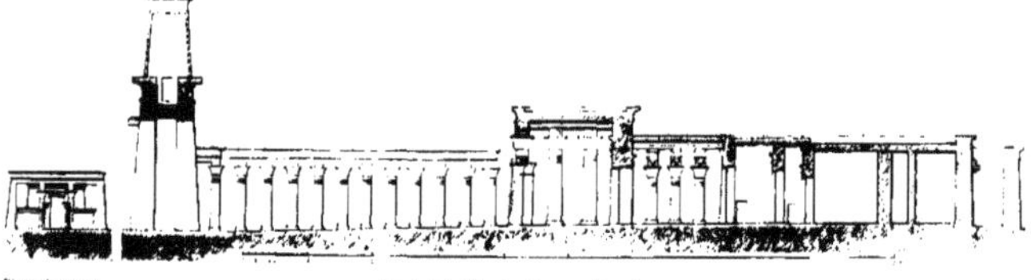

[1] La principale divinité était Aroéris : la triade était complétée par Har-Hat et par Vénus Athor. Aroéris, l'Éros, l'Apollon des mythologies grecque et romaine, était fils d'Har-Hat, science et lumière céleste personnifiées.

[2] On a lieu de présumer aujourd'hui que les obélisques étaient élevés au moyen de terrasses en plans inclinés pour la bascule et l'érection du monument.

[3] Ce genre de chapiteau n'a été introduit qu'à l'époque gréco-romaine.

[4] Je crois qu'il n'y a que trois entre-colonnements au lieu de quatre dans la salle C, et que les chapiteaux ne sont pas ceux de Vénus.

Sur la terrasse du monument, j'ai retrouvé les escaliers qui y conduisaient de l'intérieur; sur le mur postérieur, j'ai remarqué quelques bas-reliefs d'offrandes et des demi-lions sculptés en saillie contenant des gargouilles pour rejeter l'eau et les ordures de la terrasse.

Le typhonium ou mammisi, qui est un des plus grands mammisis connus, est planté obliquement en avant du temple; il est entouré d'une galerie à chapiteaux de lotus, avec une figure de typhon sur les trois faces extérieures du dé qui le surmonte; l'intérieur se compose d'une première salle à moitié détruite, dans laquelle dégage un escalier montant à la terrasse qui est au-dessus du monument; dans le fond est la salle d'accouchement avec deux colonnes au milieu; les bas-reliefs qui décorent cette salle représentent, sous les traits d'Évergète II, l'allaitement, l'enfance et l'éducation du jeune Har-Sont-Tho, fils et divinité de la triade du grand temple.

Bien que le temple d'Edfou et son mammisi soient à moitié ensevelis dans les décombres et sous les cahutes de fellahs, bien qu'ils soient mutilés en beaucoup de places, bien que l'ornementation, dans sa profusion maladroite, dénote une sensible décadence de l'art égyptien sous les Ptolémées, ce vaste édifice, tel qu'il est aujourd'hui, peut encore, par son ensemble, par sa grande disposition architecturale, donner une juste idée de la magnificence et du grandiose de l'architecture chez les anciens Égyptiens.

Près d'Edfou, sur la rive droite du fleuve, est Rédécyéh, point de départ des caravanes se rendant aux mines d'émeraudes, ou Gebel Zabbarah. Nestor L'hôte, qui visita les mines, ne rencontra, pendant son voyage, qui dura dix-neuf jours, allée et retour, que de l'eau saumâtre dans les puits; il trouva à sa deuxième station, à Ouadi Genissé Seket, un petit temple creusé dans le roc, avec deux colonnes rappelant le style dorique grec. Les inscriptions sont malheureusement très-frustes. Au-dessus de ce temple, il vit encore quelques cahutes de mineurs abandonnées. Les mines d'émeraudes ne sont plus exploitées depuis longtemps; les frais d'exploitation ne seraient pas couverts par les bénéfices probables [1].

Lorsque la plaine poudreuse ou le sable du désert sont échauffés par le soleil, il se produit assez souvent en Égypte un phénomène remarquable dont je n'ai pas encore entretenu le lecteur; je veux parler du mirage, de cette magique illusion qui fit éprouver de si cruelles déceptions aux soldats de notre république. Ces malheureux, altérés de soif, voyaient devant eux des lacs vers lesquels ils couraient en vain; ces lacs imaginaires s'évanouissaient à mesure qu'ils avançaient, pour se reproduire souvent plus loin sans pouvoir jamais être atteints.

Voici comment s'explique ce curieux effet : la chaleur qui se dégage du sol échauffé déplace la couche d'air voisine de la terre, pour l'équilibrer avec les couches plus froides d'air supérieur; ce déplacement occasionne dans l'atmosphère une vibration qui, vue sous un angle favorable par rapport au soleil, reflète, dans une plus ou moins grande étendue, les objets placés au delà et au-dessus de cette couche d'air en mouvement. L'image réfléchie est vacillante, un filet brillant et ondulé détache l'objet de l'image, vous croyez voir une véritable nappe d'eau légèrement agitée par le vent. Parfois aussi les nuages, dans des conditions semblables de déplacement de couches d'air, se présentent à vous sous un angle favorable de réfraction par rapport au soleil; il m'est arrivé, dans la basse Égypte, de voir, ainsi que ceux qui m'entouraient, l'image du soleil parfaitement reproduite dans un nuage. Je n'ai pas cherché à rendre par le dessin les effets de mirage, parce que l'art échoue complétement devant des phénomènes aussi extraordinaires [2].

[1] Pour aller aux mines d'émeraudes, on paye le cheik comme un chameau. 14 piastres par jour; le porteur d'eau et le conducteur se payent 3 piastres chacun.

[2] En mer, on voit parfois dans le ciel le mirage représenter deux ou trois fois l'objet réfléchi, de même que nous voyons parfois deux ou trois arcs-en-ciel; quelquefois aussi, lorsque plusieurs couches d'air couches ou irrégulières s'interposent ou se croisent, les images sont brisées, en désordre, et, le plus souvent, bordées des vives couleurs de l'arc-en-ciel; les côtes de Sicile voient quelquefois ce phénomène, connu au détroit de Messine sous le nom de l'effet de *fata Morgana*, la fée Morgana.

CARRIÈRES DE SILSILIS,

KOUM OMBOS, ÉLÉPHANTINE, ASSOUAN.

Fresque du roi Horus, conquérant de l'Éthiopie, de la 18e dynastie.

Silsilis ou Ghébel Selseleh, à douze heures environ au-dessus d'Esné, est une chaîne de montagnes en grès resserrant le Nil entre ses flancs et dans laquelle on trouve d'immenses carrières de grès à ciel ouvert longtemps exploitées pour les monuments égyptiens[1]; on y voit aussi, sur la rive gauche du Nil, plusieurs stèles et des hypogées parmi lesquels on en remarque un qui est si riche en sculptures peintes de plusieurs époques, que Champollion jeune l'appelle un musée d'art et d'histoire : cette excavation, ouverte pour un temple dédié à Ammon-Ra, au Nil, divinité du lieu, et à Sévek (divinité principale du nome ombite, auquel appartenait Silsilis), se compose d'une longue galerie transversale éclairée par cinq baies sur le Nil et d'un sanctuaire décoré de bas-reliefs de dévotion et offrandes. Parmi les plus anciens bas-reliefs, on remarque la procession triomphale d'un conquérant de l'Éthiopie, du roi Horus, de la xviii° dynastie, auquel on attribue le commencement du monument; l'allaitement d'un jeune Pharaon, bas-relief qui a de l'analogie avec celui qui est gravé page 29, et une adoration à Ammon-Ra, Sévek et Bubastis, par le basilico-grammate qui dirigea les constructions du palais de Médinet-Abou, élevé à Thèbes par Rhamsès Méiamoun.

A quelques pas vers le Sud, on voit une suite de tombeaux de chefs des carrières; la pierre de la chaîne dont je donne une vue et à laquelle on suppose qu'était fixée une chaîne pour barrer le passage du Nil, et, près de là, trois chapelles de la belle époque pharaonique presque contiguës et s'ouvrant toutes trois par deux colonnes à boutons de lotus tronqués : celle au Sud, attribuée au Pharaon Ousiréi, est très-ruinée; dans celle du milieu, on voit Rhamsès II adorant d'abord la triade thébaine et offrant le vin au dieu Phré, au seigneur de justice Phtha et au dieu Nil nommé Hapi-Moou; dans la troisième, dédiée au Nil terrestre par le fils de Rhamsès le Grand, on remarque une figure ébauchée dans une surface divisée en petits carreaux, comme nos artistes le font encore pour copier ou changer la proportion d'un dessin.

Koum Ombos, anciennement Noubée (la dorée), est pittoresquement située sur un rocher de la rive droite du Nil : c'était une ville de garnison sur la route de Silsilis; aujourd'hui on n'y remarque plus que les restes d'un temple au milieu d'une enceinte en brique crue se reliant à deux portes vers le Sud et à trois tourelles vers l'Arabie : le mammisi, le mur de soutenement et un des montants de la grande porte du côté du Nil ont été entraînés par les inondations; les briques du mur d'enceinte et la petite porte en grès portent le cartouche de Mœris : dans les débris du petit temple et du mur de soutenement qui avaient été élevés par les Romains, on trouve des fragments d'édifices élevés par Mœris aux divinités de Philæ; le mammisi, qui était encore debout au temps de la commission française, avait été élevé par Évergète II et Soter II.

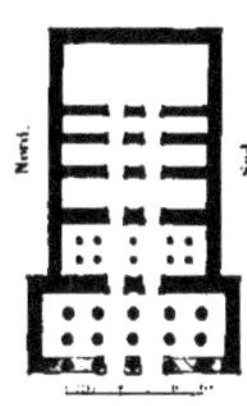

Plan du temple de Koum Ombos.

Le grand temple, construit en grès de Silsilis, est malheureusement très-bouleversé et enterré dans le sable; il est remarquable par sa division en deux parties bien distinctes indiquées dans le plan ci-contre : le côté Sud, le côté le plus honorable, est dédié à Sévek, le Saturne égyptien à tête de crocodile, forme la plus terrible d'Ammon-Ra, à la déesse Athyr et à leur fils Khons; le côté Nord est dédié à une triade moins élevée dans la hiérarchie divine, à Aroéris (Apollon), à la déesse Tsoné Nofré et à leur fils Pnévtho qui étaient les dieux particuliers d'Ombos. Ce temple, primitivement élevé par Thoutmosis III, Mœris, fut détruit lors de l'invasion des Perses; Ptolémée Épiphane et, après lui, Philométor et son frère Évergète II reconstruisirent ce temple; la frise d'une chapelle intérieure porte cette inscription grecque ainsi traduite : « Pour la conservation du roi Ptolémée et de la reine Cléopâtre sa sœur, dieux Philométor et leurs enfants, à Aroéris (Apollon), dieu grand, et aux divinités adorées dans le même temple : les fantassins, les cavaliers et autres personnes stationnées dans le nome d'Ombos ont fait ce secos à cause de la bienveillance de ces divinités envers eux. »

[1] Le grès de ces carrières est magnifique; il ne refuse pas l'outil comme la plupart des grès. On détachait les blocs de la masse par la seule puissance du gonflement des cales en bois mouillées à cet effet, et qui étaient logées dans des entailles placées en lignes droites et selon les dimensions requises pour les monuments : ce système d'exploitation évite les déchets et permet de détacher des blocs immenses; c'est par ce moyen qu'on obtenait des obélisques. Dans quelques angles, on voit des pierres perforées pour amarrer les cordages nécessaires à la marche et à l'embarcation des blocs.

Le ciel, en Égypte, est presque toujours pur; le printemps et l'automne s'y confondent : dans la journée, la chaleur y est excessive (30 à 40 degrés Réaumur); le soir, le vent de nord-ouest rafraîchit l'atmosphère au point d'établir une différence de 30 degrés entre les températures du jour et de la nuit. Le khamsinn et le simoun viennent seuls troubler la sérénité des beaux jours [1] : le premier, auquel on est exposé pendant cinquante jours (khamsinn veut dire cinquante), charrie du sud-ouest une poussière fine, pénétrante, et oppresse par une chaleur étouffante; le second entraîne, par rafales, des nuages de sable qui mettent le voyageur en péril. Ces espèces de tempêtes sèches menacent la nature entière : hommes, animaux, végétaux souffrent; les eaux mêmes du Nil se soulèvent; toute navigation est impossible. Quand arrive la nuit, le ciel, s'il a été troublé dans la journée, reprend sa sérénité habituelle, les étoiles brillent au firmament d'une splendeur sans égale, et l'on conçoit, en voyant cette céleste coupole, que les anciens Égyptiens aient été les premiers à reconnaître la préexistence divine qui éclatait si énergiquement à leurs yeux. J'ai décrit (page 23) les effets du mirage; il me reste à parler des trombes de poussière qui enlèvent dans les airs tous les corps légers qu'elles rencontrent, jusqu'à ce que, atteignant une atmosphère plus dense, leur spirale soit détruite et se transforme en pluie de poussière : ces trombes, qui s'élèvent de terre et marchent verticalement, sont parfois assez nombreuses pour représenter de fantastiques et formidables phalanges de colonnes animées.

Aucune nation de la terre, qu'elle appartienne au monde ancien ou au monde moderne, n'a élevé de plus gigantesques, de plus splendides monuments que les anciens Égyptiens. Ces monuments se divisent en trois classes bien distinctes : dans la première, sont ceux qu'achevèrent les premiers Pharaons; ils sont du plus haut intérêt par leur supériorité artistique, et surtout par leur haute antiquité, qui remonte aux premiers âges du monde [2] : la merveilleuse conservation de ces vénérables monuments ne peut s'expliquer que par leur savant mode de construction « à toujours, » par la dureté des matériaux, par la beauté du climat, et parce que, le plus souvent, ils sont monolithes ou creusés dans les flancs de la montagne. Les monuments de la deuxième et de la troisième époque sont dus aux Grecs et aux Romains, qui, presque toujours, se sont bornés à réédifier d'anciens édifices détruits par les Perses : dans ces derniers, on voit l'art de la sculpture être d'autant plus en décadence que les monuments sont plus modernes: probablement parce que, à cette époque d'invasion, les artistes devenaient soldats. Il est déplorable d'avoir à remarquer, ici, que, malgré tant de siècles traversés, les monuments de l'ancienne Égypte pourraient encore se montrer dans toute leur splendeur, si l'on avait maîtrisé les inondations du Nil, et s'ils n'avaient dû subir d'indignes mutilations de la main d'hommes poussés par une aveugle fureur de destruction, ou par un amour mal entendu des arts, ou, plus encore, par une ignorante et stupide spéculation, qui fit détruire des édifices entiers pour faire de la chaux ou de pitoyables constructions modernes : tout mutilés cependant que sont les monuments restants, ils impressionnent vivement le voyageur; leur grandiose, les inscriptions qui les recouvrent, les figures qui les vivifient en font des restes encore animés de générations à jamais éteintes, où l'artiste trouve d'admirables leçons, l'antiquaire et l'historien une source féconde de précieux documents, et tous les hommes, à quelque nation qu'ils appartiennent, de sublimes enseignements sur la marche de l'humanité.

A côté des graves et éternels monuments égyptiens, s'élèvent les gracieux édifices arabes qui, au septième siècle de notre ère, surgirent tout d'un jet avec la religion mahométane. D'élégants minarets s'élancent dans les airs pour appeler du ciel les vrais croyants à la prière. La construction arabe est légère et féerique, comme les rêves dorés des Orientaux; la matière y est coloriée, brodée comme une riche étoffe, avec une incroyable fécondité de formes dans lesquelles on ne voit jamais paraître d'êtres animés, et, si parfois on aperçoit dans leurs mosquées quelques fragments d'anciens temples, ils n'y figurent qu'à l'état de trophées de la divine révélation du prophète sur les erreurs des autres religions.

La population actuelle de l'Égypte est extrêmement mélangée : Arabes, Turcs, Grecs, Juifs, coptes, noirs et Européens peuplent

la vallée dans laquelle on trouve toutes les nuances métisses, depuis le profil africain jusqu'au plus beau type arabe ou grec [3]. Cette population d'Égypte, qui, sous Sésostris (1350 ans avant J. C.), s'élevait à 8 millions d'âmes [4], est aujourd'hui réduite, par les pestes et la misère, à 2 millions d'individus, qui sont tous extrêmement malheureux. Une culture plus étendue, le desséchement des lacs du Delta, l'ouverture de l'isthme de Suez, que je considère comme un ancien détroit, de nouveaux canaux, le barrage du Nil, et des puits artésiens dans les oasis et sur le passage des caravanes, pourraient replacer l'Égypte dans des conditions plus favorables et préparer un meilleur avenir aux jeunes habitants de la vallée du Nil !

[1] Quelques précautions prises dans les édifices des anciens, et plus encore les ravines de montagnes, prouvent qu'il pleuvait autrefois en Égypte.

[2] On trouve dans quelques monuments, notamment dans les vieux pylônes de Karnac, des assises dont les faces cachées sont couvertes de fragments de sculptures ayant appartenu à des monuments antérieurs, et montrant le même art, le même culte, les mêmes figures hiéroglyphiques que dans les monuments les plus modernes. La civilisation sur les rives du Nil a donc devancé les autres sociétés; elle y a régné pendant des périodes de temps incalculables, inouïes dans l'histoire du monde : on peut sûrement la rattacher aux premiers pas des hommes dans l'organisation sociale, l'art, que l'on y voit parfait dès son origine, nous montre quelle durée peuvent avoir les travaux des hommes quand ils sont la conséquence de leurs institutions et en harmonie avec les œuvres de la nature.

[3] Les femmes d'Afrique centrale, qui arrivent par voie de caravanes et qui sont vendues à vil prix, surtout dans la haute Égypte, ne modifient pas sensiblement le caractère sémitique qui domine dans la population; on a remarqué que les Européens ne peuvent jamais, par eux-mêmes, atteindre à la deuxième génération.

[4] Sous Sésostris, l'Égypte, divisée en trente-six provinces, produisait un revenu de 6 à 700 millions de notre monnaie; actuellement le pacha en tire 80 à 100 millions.

PREMIÈRE CATARACTE, ILES DE BEGHÉ ET DE PHILÆ.

Deux voies conduisent d'Assouan près des îles de Beghé et de Philæ, l'une par eau, l'autre par terre : avec la première, il faut franchir la cataracte (Schellal en arabe), vieille barrière de granit dont les innombrables récifs déchirent et refoulent tellement les eaux du Nil, qu'il serait tout à fait impossible d'y naviguer si Méhémet-Ali n'avait fait agrandir les passages les plus difficiles et si d'agiles pilotes ne dirigeaient les embarcations au milieu de cet étrange chaos de rochers et de cascades écumantes ; la deuxième voie, celle de terre, est la plus fréquentée par les voyageurs, qui, lors même qu'ils ne nolisent pas une nouvelle barque en Nubie, font le plus souvent franchir la cataracte à leur embarcation vide et vont à dos de chameaux, eux et leur bagage, par la voie du plateau qui longe la rive droite du Nil. En suivant cette route on voit, à droite, les rochers granitiques de la cataracte sur lesquels sont gravés un grand nombre de proscynèmes à Chnouphis et à Saté, grandes divinités de la cataracte, et , à gauche, les restes d'une muraille en brique crue élevée parallèlement à la cataracte, probablement pour protéger les habitants de la vallée contre les attaques des nomades de l'Est. Enfin, vers le milieu de la distance, on trouve le petit tombeau d'un santon, à la voûte duquel sont suspendues de petites barques en forme d'ex-voto ; près de la porte est une cuve journellement remplie d'eau du Nil , pour désaltérer les voyageurs.

C'est par un sentier, au milieu des rochers , que l'on descend au petit port nubien qui est au-dessus de la première cataracte et qui s'aperçoit à gauche dans le frontispice ci-dessus ; après ce port, on découvre l'île de Philæ , dont l'aspect architectural, au milieu des eaux , des rochers abrupts et des bouquets de palmiers , forme un ensemble ravissant , un tableau vraiment enchanteur.

Mais , avant de pénétrer dans cette attrayante île sacrée, voyons sur la rive droite, au Nord de Philæ, un rocher en forme de trône, qui est chargé d'inscriptions antiques fort curieuses : dans une stèle à demi effacée, Champollion jeune a trouvé l'indication d'une victoire remportée sur les Libyens par le Pharaon Thouthmosis IV, l'an VII de son règne, le 8 du mois de Phamenoth ; une autre stèle d'Amenoph III (Memnon), successeur de Thouthmosis, rappelant que ce Pharaon , venant de soumettre les Éthiopiens, l'an V de son règne, a passé dans ce lieu et y a tenu une panégyrie (assemblée religieuse); puis un proscynema à Neith et à Mandou pour le salut du roi Mandouthph (Mendès de la vingt et unième dynastie), un autre proscynema à Horammon , Saté et Mandou pour le salut du roi Néphérothph (Néphérite), de la vingt-neuvième dynastie, et un nombre infini d'autres proscynema de simples particuliers à Chnouphis et à Saté, les grandes divinités de la cataracte.

A l'Ouest de Philæ, est l'île de Beghé, l'ancienne Snem, dont on aperçoit une partie à droite dans le frontispice ci-dessus. Cette île, de laquelle est prise la vue générale de Philæ du côté Ouest, présente à l'attention du voyageur des montagnes de granit découpées en pics et en pitons, conservant la trace des puissants soulèvements qui les ont amenées à la surface du globe, et sur lesquelles on lit beaucoup d'inscriptions et d'actes d'adoration des Pharaons et des personnages éminents de la vieille Égypte : ils prouvent que l'île de Snem a été sacrée et qu'elle fut un but de pèlerinage bien avant l'île de Philæ. Sur le premier plan, dans la vue planche 25, on voit renversée à terre, au milieu des rochers, une statue colossale d'Amenoph II; plus loin, les restes d'un temple dédié à Chnouphis et à la déesse Athor, élevé par Philométor pour remplacer un premier temple plus vaste, bâti sous Amenoph II, successeur de Mœris, et dans lequel on remarque une arcade romaine associée à l'architecture égyptienne.

26

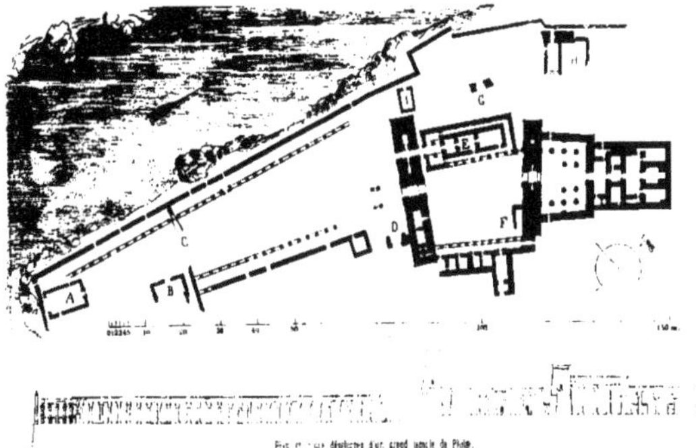

Plan et vue développée d'un grand temple de Philæ.

L'île de Philæ, dont la vue impressionne si vivement les voyageurs, était jadis un des centres du culte d'Isis et d'Osiris, et, comme telle, impénétrable à tout Égyptien qui ne faisait pas partie de la caste sacerdotale : ce fait est surabondamment prouvé par de nombreuses inscriptions égyptiennes et grecques. Depuis le vi^e siècle de notre ère, qui vit tomber les autels de ces deux divinités, cette île est abandonnée, ouverte à tout visiteur, de quelque nation qu'il soit et quelque religion qu'il professe.

En commençant l'examen de cette île par le côté Sud, vers lequel sont tournées toutes les portes du grand temple, on remarque au premier plan (voyez la planche 27), près d'une espèce d'amphithéâtre formé par le limon du Nil, les traces d'un grand escalier et un mur de soutenement dont l'appareil est courbe en plan pour mieux résister au courant du Nil : ce mur sert de soubassement à un obélisque sans hiéroglyphes, aujourd'hui privé de son pendant ; il sert aussi de terrasse au temple de Vénus Athor, de ce feu générateur adoré plus ou moins ostensiblement de tous temps et en tous lieux. Ce délicieux monument, en A sur le plan, fut élevé par Nectanebe, dernier roi de la race égyptienne, détrôné lors de la deuxième invasion des Perses : il est d'un travail exquis ; ses chapiteaux sont variés ; je l'ai fait entrer dans la composition du frontispice placé en tête de cette feuille : la planche 26 représente le côté de ce temple opposé à celui que donne la planche 27. Afin de répandre plus d'intérêt sur cette vue, on y a fait voir les bases des colonnes, qui, en réalité, sont toutes enterrées dans les décombres, et, au lieu de chapiteaux en masse non sculptés et de murs lisses qui existent dans la galerie à droite, j'ai fait figurer les chapiteaux et bas-reliefs qui existent plus au Nord dans cette même galerie, attribuée à Auguste, Tibère et Claude.

On remarque, en B, les ruines d'un temple et, en C, un escalier descendant au Nil. Au fond de cette cour à galeries s'élève un grand pylône attribué au Ptolémée Philopator, devant lequel s'élevaient deux obélisques, aujourd'hui en Europe, et deux lions sculptés en ronde bosse, dont on voit les fragments renversés à terre près de leurs piédestaux. Devant le massif de droite, en D, est un ancien propylon dédié à Isis par le Pharaon Nectanebe[1]. Enfin, parmi les figures qui décorent ce grand pylône, on remarque des figures colossales de Philopator châtiant des populations rebelles, et, près de la porte, des figures présentant des offrandes[2], sculptées par-dessus d'intéressantes inscriptions grecques. C'est à droite, en entrant dessous la grande porte du milieu du pylône, que l'on voit ci-jointe l'inscription tracée par nos phalanges républicaines à l'époque où elles parvinrent jusqu'à Philæ.

Une deuxième porte à travers le massif de gauche conduit au mammisi E ; ce monument, dédié à Athor et à la délivrance d'Isis qui vient d'enfanter Horus, se compose d'un pronaos et de trois salles entourées de galeries qui dégagent dans le pronaos. La plus ancienne partie de ce grand mammisi est due au Ptolémée Épiphane et à son fils Évergète II ; les bas-reliefs extérieurs ont été faits sous les règnes d'Auguste et de Tibère. Près du pronaos de ce mammisi, on voit la représentation d'un éléphant, la seule que l'on connaisse sur les monuments de l'Égypte.

Sur le côté Est de la cour, entre les deux pylônes, est une galerie conduisant, vers le Sud, à l'escalier du premier pylône et, vers le Nord, à une porte de sortie ; elle dessert plusieurs salles construites par le Ptolémée Philométor, quoique de pompeuses inscriptions sculptées sous Tibère et sous Évergète II leur attribuent l'honneur d'avoir élevé une partie de ces constructions.

Inscription française de l'île de Philæ.

---

[1] L'existence de ce propylon et les débris d'anciennes sculptures employées dans le pronaos du grand temple prouvent qu'antérieurement à cet édifice il en existait déjà un autre sur le même emplacement ; ce temple aura probablement été détruit, comme beaucoup d'autres, par les Perses de Darius Ochus.

[2] Sur le piédestal de l'un de ces obélisques, on a trouvé une inscription grecque des prêtres de l'île de Philæ, se plaignant d'exactions et demandant la faveur de graver sur pierre le souvenir de la réparation obtenue. Il convient d'observer ici que beaucoup d'inscriptions grecques datent de l'époque romaine. Les Romains ayant trouvé la langue grecque très-répandue, puisqu'elle avait été parlée pendant 300 ans avant leur occupation, les traductions et actes publics des Romains se firent en grec. On trouve d'ailleurs peu d'inscriptions latines en Égypte ; on a, au contraire, des papyrus grecs qui datent de 760 ans après la conquête romaine. Quelques caractères égyptiens et des fautes de grec qui se voient dans ces papyrus prouvent que le grec, sur une terre étrangère, devint une espèce de jargon égypto-grec dans la bouche de la multitude, qui ne pouvait étudier les règles de la langue.

SUITE DE L'ILE DE PHILÆ.

DEBOUD.

Vue de la côte Est de l'île de Philæ.

Le deuxième pylône, qui s'élève au Nord du premier, fut aussi élevé par Philométor; il est orné de sculptures et malheureusement détruit à son sommet : au pied du massif de droite, on remarque, en F, un morceau de granit évidé pour servir de salle. Après ce pylône, on entre dans une cour sacrée précédant le pronaos du grand temple d'Isis et d'Osiris. Après ce pronaos viennent plusieurs salles, une petite cour, sur le mur Est de laquelle a été gravée, par la commission française, la position de l'île de Philæ, qui est à 24° 11' 34" de latitude boréale et à 30° 34' 16" de longitude orientale de Paris : quelques autres salles contiennent des escaliers pour monter aux terrasses du temple et des galeries; elles enveloppent un sanctuaire dans lequel on remarque deux naos monolithes en granit rose d'Évergète I" et de Bérénice, et la place d'un troisième qui a été emporté en Europe. Ce sanctuaire et les salles qui lui sont contiguës sont dus à Ptolémée Philadelphe; les bas-reliefs et les hiéroglyphes sont du temps d'Auguste et de Tibère[1].

Hors du temple, on voit à l'Ouest, en G, une porte en granit élevée par Alexandre fils, à droite et à gauche de laquelle, en H et en I, surgissent les décombres des deux édifices dont on ne connaît pas la destination. Au Nord-Est et en dehors du plan gravé, on trouve les restes d'une ancienne muraille et ceux d'un arc de triomphe romain qui servait probablement d'entrée aux légions romaines composant la garnison de Philæ; plus loin, au Sud, se trouve un grand portique hippette, où l'on voit quelques bas-reliefs dans lesquels Trajan présente des offrandes et brûle de l'encens en l'honneur d'Isis et d'Osiris. On ne connaît pas l'usage de cet édifice à jour et sans plafond, dont le côté Est est représenté ci-dessus et que l'on peut facilement retrouver dans la vue générale; je suppose qu'une véla était tendue à son sommet pour protéger contre les ardeurs du soleil les réunions, ayant un autre motif que la religion, qui eurent lieu dans l'île sacrée de Philæ. A l'Est et attenant à ce grand monument sont deux petites salles de construction romaine qui servent ordinairement d'asile aux voyageurs; puis, au Nord, est un petit temple dédié à Vénus, au sommet de la corniche duquel est gravée cette inscription grecque : « Le roi Ptolémée et la reine Cléopâtre, sa sœur, et la reine Cléopâtre, sa femme, dieux Évergète, à Vénus[2]. »

Dans la vue générale de l'île de Philæ présentée ci-contre, on voit, à gauche, une partie de l'île de Snem; plus loin, le petit port nubien, la première cataracte et la route de terre conduisant à Souan et à l'île d'Éléphantine. Des trombes de poussière s'élèvent dans les airs; elles se dessinent sur la haute Égypte, que l'on aperçoit dans le fond du tableau.

L'île de Philæ, qui de loin enchante le voyageur, ne présente intérieurement qu'un chaos de monuments en désordre enterrés dans leurs propres ruines, au milieu de cahutes de fellahs abandonnées. Le silence absolu qui règne dans cette île évoque les souvenirs; on rêve la splendeur passée de cette retraite sacrée; on voudrait pouvoir exhumer les monuments de la poussière dans laquelle ils sont engloutis, chasser les chauves-souris de ces sanctuaires, dégager les gracieux bouquets de verdure qui contrastent si bien avec les rochers qui les entourent, faire flotter une seconde fois dans les airs et se mirer dans les eaux du Nil les bannières des anciens Égyptiens. Cette pensée de musée et de retraite me traverse encore l'esprit au milieu des agitations de la vie européenne, quand surtout je vois de trop près les misères de notre société.

Puisse cette pensée se réaliser quelque jour! les voyageurs viendraient à Philæ chercher des émotions et des leçons d'histoire à nulle autre pareilles[3].

---

[1] Toutes les Isis du sanctuaire sont évidemment des portraits de la reine Arsinoé, que l'on reconnaît à son profil grec. Cette flatterie sacerdotale, que l'on retrouve dans beaucoup de sculptures, est surtout frappante dans les monuments des anciens Égyptiens, où les têtes des dieux sont de véritables portraits de Pharaons.

[2] Des deux Cléopâtres mentionnées sur ce petit monument, la première était sœur et femme, et la seconde, fille de Ptolémée Philométor; après la mort de ce dernier, Évergète II, son frère, ayant épousé Cléopâtre, sa veuve, la répudia bientôt pour s'unir à Cléopâtre la jeune, sa nièce, propre fille de Philométor et de Cléopâtre l'ancienne. Notre savant Letronne reporte la dédicace de ce temple à 127 ans environ avant J. C.

[3] 20 barabras pourraient, en trois mois, nettoyer complètement l'île de Philæ avec une sakie et deux schadoufs; ce serait une dépense de 2,000 fr., en payant les hommes à raison de 50 centimes par jour, c'est-à-dire princièrement : cette opération facile nous vaudrait des trésors archéologiques enfouis là depuis des siècles.

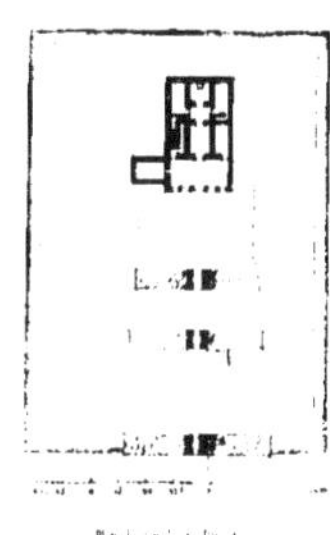

Plan du temple de Deboud.

La basse Nubie (Ouady-Elkenous) [1], dans laquelle nous allons entrer, ne se soumit à la domination complète de Méhémet-Ali qu'en 1820; il fallut huit ans pour pouvoir dominer les habitants de ce vieux monde, pour se rendre maître d'un pauvre pays de pierres et de sable. On voyage aujourd'hui en toute sécurité dans la Nubie; les rares habitants que l'on y rencontre sont laborieux, honnêtes et sobres, par l'habitude de la nécessité. Les barabras sont souvent employés au Caire, comme portiers ou domestiques; ils reviennent toujours au pays avec une petite somme d'argent.

Le premier monument que l'on rencontre en Nubie, à deux heures au delà de l'île de Philæ, est le temple de Deboud (Parembole), situé sur la rive gauche du Nil, après le 24ᵉ degré de latitude; ce monument fut dédié à Ammon-Ra, seigneur de Tébot (Deboud), à Athor, et, subsidiairement, à Isis et Osiris : on le croit originairement fondé par Othorramon d'Éthiopie, prédécesseur ou successeur immédiat d'Ergamène, qui éleva le temple de Dakké (page 30); les empereurs Auguste et Tibère l'auraient fait continuer, mais non achever.

Ce temple, construit en grès, s'annonce, du côté du fleuve, par une jetée reliée à une grande enceinte, contenant, en avant du temple, trois petits propylons sans sculptures, qui sont de plus en plus petits et de plus en plus élevés sur le sol en s'avançant vers le temple : ces portes étaient ou devaient être flanquées par des pylônes dont on ne voit que les traces; elles formaient, en sus de l'enceinte générale, trois enceintes sacrées avant d'arriver au pronaos du temple proprement dit. En entrant dans ce pronaos, on remarque, à gauche, une petite salle ajoutée latéralement. Après le pronaos, se présente une salle sans plafond, dont les parois sont couvertes de sculptures, d'offrandes et de dévotions. Quelques chambres, des cabinets et un escalier pour monter à une salle au premier étage et à la terrasse qui couronne le monument précèdent un sanctuaire non sculpté qui n'a plus de plafond et dans lequel il ne reste plus qu'un seul des deux naos monolithes en granit rose qui s'y trouvaient.

Il est à remarquer que la jetée et les trois portes ne sont pas dans un même axe avec le temple. Cette variation très-sensible existe dans beaucoup de monuments; peut-être a-t-on voulu empêcher l'œil du profane de pénétrer dans le fond du sanctuaire, où les demi-dieux et quelques initiés avaient seuls accès.

En avant du temple, dans la vue extérieure ci-dessous, on remarque les cahutes de quelques misérables habitants et, sur le premier plan, une petite digue en blocs granitiques pour empêcher les trop grandes eaux d'entraîner l'étroite lisière de terre végétale qui borde le fleuve. Dès que le Nil se retire, les pauvres Nubiens se hâtent de semer, dans le limon fraîchement déposé, des pastèques, des lentilles et autres graines qui arrivent à maturité en quelques semaines.

Vue du temple de Deboud.

[1] La haute Nubie s'appelle Ouady-el-Nouba; les Nubiens l'appellent aussi Dar-el-Kourkour, pays des tourterelles : elles y sont effectivement en abondance.

GROTTES DE MOMIES, TOMBEAUX, GARTHASSY, TAFFA.

Près de Deboud, dans la chaîne libyque, on voit des grottes contenant des momies entassées les unes sur les autres, comme dans la grotte de Samoun (voyez page 12); ces grottes, comme cette dernière, sont destinées à la sépulture de la caste inférieure; elles sont les seules que l'on connaisse jusqu'ici en Égypte et en Nubie : il doit en exister d'autres que l'on découvrira probablement quelque jour.

Sur la rive droite, au-dessus de Deboud, à un quart d'heure du fleuve et près du village de Diemit, il y a trois spéos (monuments creusés dans la montagne) se composant chacun d'une salle d'entrée, avec deux colonnes octogonales à facettes qui rappellent les colonnes de Beni-Hassan (voyez verso 10) et celles qui sont à Thèbes, dans les monuments de Karnac et de Medinet-Abou. Après les salles d'entrée, on trouve trois ou quatre salles plus petites et plus basses que les premières, dans lesquelles étaient déposées les momies. Le spéos du côté Sud est le seul qui soit orné de figures en bas-relief et d'hiéroglyphes. La frise de la première salle à colonnes est ornée de chacals accroupis regardant des têtes de Vénus Athor.

Sur la rive gauche, en remontant toujours vers le Sud, on aperçoit sur une éminence le charmant petit temple à jour de Garthassy. Ce monument, que sa position rend des plus pittoresques, est construit en grès; il n'a malheureusement jamais été

fini. Son plafond ne se compose que d'une assise d'un seul morceau posée transversalement sur les ordres latéraux du monument, et l'on n'y trouve qu'un petit bas-relief sur un fût de colonne; la porte d'entrée, sur le côté Nord, est flanquée de deux colonnes à tête d'Isis : M. Niebuhr pense que ce monument n'a pu être élevé avant le règne de l'empereur Philippe, d'après quelques inscriptions grecques et latines trouvées en Nubie[1]. Dans la vue de ce monument, on remarquera combien le soleil était à plomb au-dessus de ma tête, puisque, lorsque je faisais ce dessin en juin 1838, tous les fûts de colonne étaient dans l'ombre, par la seule saillie des chapiteaux; la chaleur était telle, que, pour pouvoir m'asseoir, j'étais obligé de faire arroser le sable qui m'entourait et la pierre qui me servait de siége.

En continuant vers le Sud, sur les hauteurs de la même rive, on trouve un petit plateau sur le sol duquel sont sculptées deux empreintes de pied. On a fait plusieurs conjectures sur cette indication; je suppose que c'était une espèce de carte de visite de quelque voyageur, ou peut-être encore l'endroit où devaient se relayer quelques esclaves portant, à Garthassy dont je viens de parler, des fardeaux, peut-être même des matériaux provenant des carrières que nous allons voir.

Ces carrières, où l'on voit reparaître le grès après le granit syénitique de la cataracte, sont extrêmement intéressantes; elles sont à ciel ouvert comme celles de Silsilis : on y trouve, avec les mêmes moyens d'exploitation (voyez page 24), de petits trous, évidés en échelons, dans les faces perpendiculaires, pour servir de communication entre les différents étages d'exploitation.

Au milieu de ces carrières, on voit une petite chapelle devant laquelle ont dû se prosterner et trouver quelques consolations tous les esclaves employés dans ces carrières; ce petit monument (spéos), gravé ci-contre, est entouré de quelques bustes et d'inscriptions grecques et latines qui sont des actes de dévotion, avec les noms de ceux qui les firent graver : l'une d'elles dit que les visiteurs contribuaient, par argent ou manuellement, à l'extraction des matériaux de la carrière, ce qui était œuvre méritoire, religieusement parlant.

Celui qui, dans ces inscriptions, fait l'acte d'hommage, prend le titre de prêtre de Gomos, dignité sacerdotale qui pouvait s'acquérir à prix d'argent et qui pouvait se renouveler plusieurs fois chez la même personne.

Cette petite chapelle est remarquable par son élégance et par la finesse de son exécution : le piédestal qui est en avant était dans la niche du monument; il aura, sans doute, été déplacé par quelques chercheurs de trésors[2].

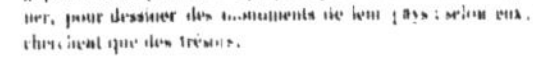

---

[1] Voyez l'intéressant ouvrage de M. Gau sur les monuments de la Nubie, qui contient une restauration du temple de Garthassy.

[2] Les habitants de la vallée du Nil ne comprennent pas les recherches archéologiques; ils ne peuvent s'expliquer que l'on fasse de si longs voyages pour examiner, pour dessiner des monuments de leur pays : selon eux, les explorateurs ne cherchent que des trésors.

Après les carrières de Garthassy, on arrive à Wady-Taffa (Taphis), petit village d'une trentaine de cahutes en terre, au Sud et au Nord, duquel on voit s'élever deux petits temples : celui vers le Nord, qui est le plus petit, ne se compose que d'une salle à quatre colonnes, sans compter les deux de la façade ; il est le mieux conservé. Celui qui est au Sud est fort dégradé; il est au premier plan dans la vue que je donne de Taffa et de ses deux temples : les deux colonnes que l'on y voit encore debout appartenaient au portique précédant le sanctuaire, qui est aujourd'hui complétement ruiné. La porte de ce sanctuaire reste seule debout; près d'elle est un cadran solaire, avec un fragment d'inscription grecque : un mur d'enceinte enveloppait le sanctuaire et se rattachait à la façade ou aux pylônes qui étaient ou devaient être en avant du temple.

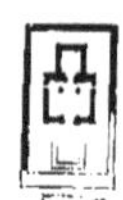

Les deux temples de Taffa sont construits en grès des carrières de Garthassy ; les parements des assises sont bruts (faits par éclats), les joints et les arêtes sont seulement dressés.

La population actuelle de Wady-Taffa ne se compose que de cinq ou six familles extrêmement pauvres : ces malheureux, qui se donnent le nom d'Oulad-el-Nostra (fils du Nazaréen), se disent descendre des chrétiens de Taphis; ils auraient été contraints de se convertir à l'islamisme lorsqu'ils furent conquis par les sectateurs du prophète. Cette tradition semble fondée, car on trouve, à Taffa, une inscription grecque dans laquelle sont relatées les vertus chrétiennes : la foi, l'espérance, la chasteté, la justice, la paix, la vérité, la persévérance, la tempérance, etc., etc. On y a aussi trouvé une intéressante table horaire, qui donne la longueur des ombres pour chaque heure des douze mois de l'année; chaque mois forme une colonne divisée par douze lignes transversales représentant les douze heures du jour. Il n'y a de conservé que les six colonnes des mois de Phaophi, Athyr, Chœak, Tybi, Méchir et Phamenoth [1].

Au Nord de Taffa, on voit quelques traces d'enceinte dans lesquelles se trouve un fragment de sculpture romaine, qui me paraît représenter un guerrier faisant offrir par une femme, peut-être la sienne, la couronne de sa victoire à la divinité du lieu.

Plus loin, toujours vers le Nord, on voit une grande enceinte de ville aujourd'hui abandonnée; cette enceinte rectangulaire, de 100 mètres de large sur 130 environ de profondeur, est seulement ouverte sur son petit côté, vers le Nil, dans lequel on avait formé un petit port. Sur les grands côtés, on voit les ruines de deux entrées; près celle qui est au Nord, on distingue les restes d'une tour : la petite face à l'Ouest est entièrement fermée. Cette enceinte, en grès, est remarquable par sa construction en lits courbes : de petits escaliers conduisent au sommet du mur, qui est assez large pour recevoir des défenseurs. Je n'ai rien pu reconnaître dans l'intérieur de l'enceinte; tout y est sens dessus dessous dans un inextricable chaos.

En remontant au Sud, après Taffa, le Nil est hérissé de rochers granitiques qui rendent la navigation dangereuse, surtout lorsque ces rochers sont cachés par l'inondation. Après ce passage, appelé El-Bah (la porte) par les navigateurs, on remarque, sur la rive gauche, des ruines insignifiantes qui sont en face de rochers granitiques d'un grand volume; au-dessus de ces ruines, sur la rive gauche, on voit les carrières de Kalabschè, où se trouvent deux temples du plus haut intérêt.

Vue de Taffa et de ses temples. Vue de Taffa.

[1] L'année égyptienne, représentée hiéroglyphiquement par la petite gravure ci-contre, se divisait en trois saisons : seulement, selon le débordement annuel du Nil, la première saison, celle de la végétation, commençait par Thoth et finissait par Chœak (lisez de droite à gauche); la saison de la récolte commençait par Tybi et finissait par Pharmouthi; enfin celle de l'inondation commençait par Pachons et finissait, avec l'année, par Mésori. Chaque saison se composait de quatre mois et chaque mois de trente jours seulement : aux trois cent soixante jours de ces douze mois on ajoutait cinq jours complémentaires ou épagomènes; l'année civile se trouvant, par ce mode, être plus courte que l'année solaire, elle fut appelée année vague, parce qu'on la faisait rétrograder à peu près d'un jour tous les quatre ans, pour la faire accorder avec la marche du soleil. Au temps de César, le 1er de Thoth correspondait au 29 août et le 1er Mésori au 23 juillet.

BEYT-OUALLY, KALABSCHÉ, DANDOUR, GUIRCHÉ.

Coupe du temple de Beyt-Oually.

Au milieu des carrières de Kalabsché, sur la rive gauche du Nil, on trouve deux temples très-remarquables : le premier, appelé Beyt-Oually en arabe (maison de justice ou du saint), est l'un des plus intéressants monuments de toute la vallée du Nil : il est hémispéos (à moitié creusé dans la montagne); l'autre moitié, qui était construite en avant de la montagne, est malheureusement enlevée : la partie spéos n'a été épargnée que parce que, pour la détruire, il eût fallu détruire la montagne elle-même. Ce précieux monument, dont la façade est tournée vers le Nord, fut élevé sous Sésostris Rhamsés II, environ 1600 ans av. J. C. : il fut consacré au grand dieu Ammon-Ra et à sa forme secondaire Chnouphis; il est remarquable par sa belle architecture et, plus encore, par ses sculptures, qui sont d'admirables pages d'histoire sur l'état physique de l'Afrique centrale.

Les bas-reliefs que l'on voit à gauche en entrant, indiqués dans la coupe ci-contre, représentent, du côté du sanctuaire et dans toute la hauteur du tableau, le roi assis dans un naos, accueillant son fils aîné Sésostris, qui lui présente, selon la description de Champollion jeune, 1° un prince éthiopien nommé Aménémoph, fils de Poeri, soutenu par deux de ses enfants, dont l'un lui offre une coupe comme pour lui donner la force d'arriver au pied du trône du père de son vainqueur; 2° des chefs militaires égyptiens [1]; 3° des tables et des buffets couverts de chaînes d'or et, avec elles, des peaux de panthères, des sachets renfermant de l'or en poudre, des trônes de bois d'ébène, des dents d'éléphant, des plumes d'autruche, des faisceaux d'arcs et de flèches, des meubles précieux, et toute sorte de butin pris sur l'ennemi ou imposé par la conquête; 4° à la suite de ces richesses, marchent quelques Bischaris prisonniers, hommes et femmes, et des individus conduisant, au roi, des animaux vivants, les plus curieux de l'intérieur de l'Afrique, le lion [2], la panthère, l'autruche, le singe et la girafe. Dans cette caravane, on remarque une femme qui porte deux enfants dans une espèce de couffe (panier) placé sur les épaules; à côté est représentée une bataille : Sésostris sur son char, suivi de deux des siens aussi en char, culbute à lui seul toute l'armée ennemie, qui s'enfuit en désordre. Le bas-relief est, malheureusement, en mauvais état dans cette partie inférieure de la chaîne libyque.

Le bas-relief qui fait face à celui que l'on voit dans la coupe représente, en commençant du côté du sanctuaire, le Pharaon encore assis dans un naos, comme dans le côté opposé; on lui amène des esclaves. A la suite, sont représentés tous les hauts faits militaires de Sésostris : dans le premier, il terrasse un chef de tribu rebelle; dans le second, il est sur son char, de la hauteur duquel il châtie un chef : ses superbes coursiers renversent la phalange ennemie, qui est en pleine déroute et se réfugie sur les montagnes, dans les forêts et dans les marécages; dans le troisième, il attaque une forteresse et saisit par la chevelure le chef, dont l'arc est brisé : la garnison d'une forteresse se rend à discrétion en implorant la clémence du vainqueur. Dans le dernier tableau, Sésostris foule aux pieds ses ennemis abattus; il tient deux chefs agenouillés, pendant qu'un de ses officiers lui présente une longue file de captifs enchaînés.

Ces bas-reliefs, modelés dans le creux, malheureusement éclatés, mutilés en quelques endroits, sont des chefs-d'œuvre de l'art : tout y est reproduit avec une fidélité naïve qui permet de distinguer les caractères particuliers de la peuplade africaine que l'on

Allaitement de Rhamsés II,
par la déesse Anouké.

vient de soumettre. Il est à remarquer que le costume de cette antique population ne se compose que d'une peau de bête autour du corps, comme on le voit encore aujourd'hui chez les Éthiopiens [3].

Au-dessus de ces beaux bas-reliefs, on voit des traces de construction de cintre, en brique crue, restes d'une ancienne église cophte qui a probablement donné naissance au nom de Beyt-Oually (maison du saint). Une grande baie et deux petites, avec embrasements ornés de sculpture, donnent entrée de la cour à la première salle, entièrement creusée dans la montagne : le plafond de cette salle est soutenu par deux colonnes cannelées, ayant chacune une facette avec hiéroglyphes; toutes les parois sont ornées de sculptures d'offrandes et d'hiéroglyphes. Sur le côté du sanctuaire, on voit deux niches contenant trois figures (ronde bosse) assises, celle du Pharaon déifié entre deux divinités. Dans le sanctuaire qui fait suite à cette salle, on remarque sur l'écoinçon, à droite de la porte d'entrée, l'allaitement de Rhamsès II par la déesse Anouké, représenté ci-contre, et, sur l'écoinçon de gauche, un même allaitement par la déesse Isis [4]. Sur les parois de droite et de gauche, sont représentés des actes de dévotion et des offrandes; dans le fond est une niche contenant trois grandes figures assises, de haut relief, qui représentent la divine triade du temple.

---

[1] Probablement ceux qui se sont vaillamment comportés pendant l'expédition.

[2] Ce lion est à l'état libre, comme on le voit décrit page 34 : c'est un antique usage, chez les puissants d'Orient, d'avoir près d'eux des lions apprivoisés à l'état de domesticité.

[3] Selon Champollion jeune, on doit, dans ces bas-reliefs, reconnaître la campagne de Sésostris contre les Éthiopiens, lesquels il força, selon Diodore de Sicile, de payer à l'Égypte un tribut annuel en or, en ébène et en dents d'éléphant.

[4] Moi qui suis ta mère, la dame d'Éléphantine, dite Anouké, je te reçois sur mes genoux et te présente mon sein pour que tu y prennes ta nourriture, ô Rhamsés! et moi, ta mère Isis, moi la dame de Nubie, je t'accorde les périodes de panégyries : 30 ans que tu suces avec mon lait et qui s'écouleront en une vie pure.

A quelques pas au Sud de Beyt-Oually, on trouve le grand temple de Kalabsché (ancienne Talmis), qui s'annonce, du côté du Nil, par un quai contenant quatre escaliers ; ce quai est surmonté d'une jetée en terrasse, à l'extrémité de laquelle un perron conduit à une deuxième terrasse B. Ce monument, dont la façade est tournée vers l'Est, se compose, après le quai, la jetée et la terrasse, d'un pylône à demi détruit, se reliant à deux enceintes et précédant une cour sacrée C, dont les galeries latérales ont été détruites ; la planche gravée représente cette cour et le pronaos D, sur la façade duquel on lit une inscription grecque qui dit qu'un roi de Nubie et d'Éthiopie, Silco, est venu ravager Talmis habitée par ses ennemis. Sur les côtés de la cour on aperçoit les entrées de petits réduits contenus dans l'épaisseur des murs, une grande porte qui correspond à une entrée latérale sur la première enceinte du temple, et qui conduit au petit mammisi E, obliquement planté par rapport à l'ensemble du temple. Revenant au pronaos D, on remarque deux entrées latérales pour aller à la deuxième enceinte ; celle de gauche correspond à une entrée latérale et conduit à une colonnade à jour F précédant un petit spéos ; enfin le pronaos D précède les salles et le sanctuaire principalement consacré à Ammon-Ra, à Mouth et à Malouli (le mandouli des proscynema grecs[1]).

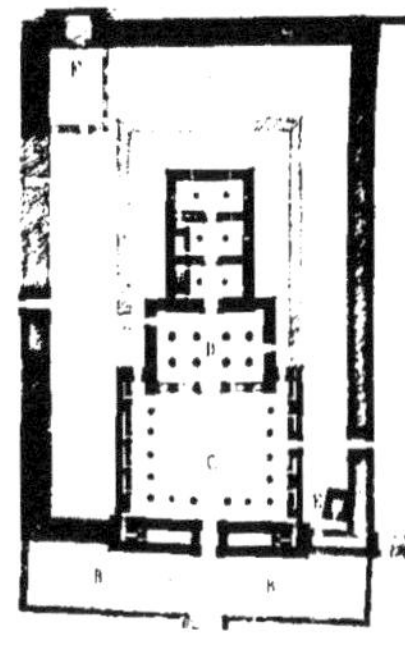

Le vaste temple de Kalabsché, élevé sur une montagne de grès par Auguste, Néron et Caligula, est une réédification d'un temple primitivement élevé par Amenophis II (le successeur de Mœris), qui avait été détruit par les Perses sous Darius Ochus ; on y remarque encore une différence d'axe entre le temple et la jetée (voyez les temples de Luxor et Déboud, pages 18 et 27), et, sur les nombreux bas-reliefs qui décorent le fond du temple, une mixtion violette appliquée sur les parties qui devaient recevoir de la dorure.

Beaucoup de ruines et de débris de vieilles poteries annoncent qu'une grande population a existé autour du temple ; il ne reste plus, au Nord-Est de ce monument tout ravagé, qu'un petit village composé seulement de quelques misérables familles.

Au Sud et à une demi-heure de Kalabsché, sur la rive gauche, on voit les ruines d'une ancienne ville, en face de rochers granitiques d'un grand volume ; c'est de ce point que l'on entre sous le tropique du Cancer.

Le petit temple de Dandour, que l'on trouve sur la rive gauche, à huit ou neuf heures de Kalabsché, est extrêmement élégant ;

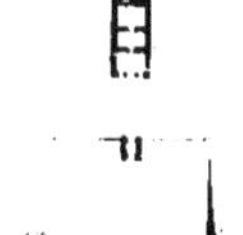

il se compose d'une terrasse sur le Nil, au milieu de laquelle est une porte qui était ou devait être au milieu d'un pylône. Je donne une vue du pronaos de ce temple, dans laquelle on voit la porte sur la terrasse. Ce pronaos précède une salle et un sanctuaire où l'on voit Osiris sous la forme humaine, sur terre ; dans le mur formant le fond du sanctuaire, on remarque un vide qui contenait, dit-on, un trésor.

Au-dessus du temple, construit en grès et dont les façades latérales sont ornées de sculptures attribuées à Auguste, on remarque un petit spéos sans sculptures, précédé d'une petite enceinte construite.

Il n'y a plus de population auprès de Dandour ; un écho qui est près de là a dû répéter le dernier mot du dernier habitant : j'ai donné à mes oreilles le doux plaisir d'entendre un nombre infini de fois les noms de mes amis dont j'étais séparé depuis longtemps.

Le temple de Guirché, peut-être l'ancienne Tutzis, est un hémispéos qui regarde l'Est, à vingt minutes environ, sur la rive gauche du Nil ; ce monument, dédié à Phtah par Rhamsès le Grand, ne se compose presque plus que de la partie spéos ; quelques fragments de statues de sphinx qui décoraient la montée qui existait en avant du pylône, quelques traces de ce pylône et des parties des galeries qui décoraient la cour sacrée, permettent encore de composer l'ensemble de ce monument à moitié détruit. La grande salle d'entrée contient six piliers à figures colossales, représentant d'une manière assez barbare Rhamsès le Grand avec les insignes de la royauté, le frein et le fouet. Au pourtour, sont huit niches carrées, avec des figures assises, de plein relief ; celle du milieu est celle du dieu soleil, le patron de Sésostris, invoqué sous le nom de dieu grand. Une salle transversale précède le sanctuaire, sur les parois duquel on remarque les scellements d'une grille ou d'une traverse pour rideaux ; au fond, dans une niche, sont quatre figures assises, de plein relief, représentant Rhamsès le Grand, déifié, au milieu de la triade, adoré dans le temple.

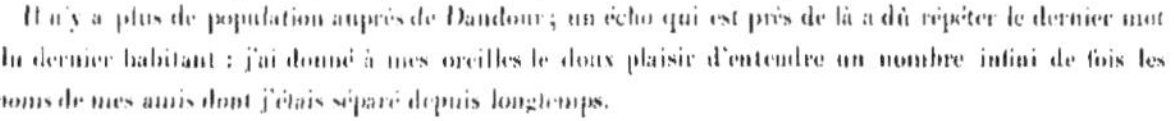

<hr>

[1] Cinquante bas-reliefs donnent la généalogie de Mandouli, qui est le fils d'Ammon, point de départ et de réunion de toutes les essences divines ; ce dieu, qui occupe toujours la droite des sanctuaires, se voit, dans le temple de Kalabsché, sous ses différentes formes Ammon-Ra, être suprême et primordial, étant son propre père, porte le titre de mari de sa mère la déesse Mouth), qui n'est elle-même que sa portion féminine enfermée en sa propre essence tout à la fois mâle et femelle. Ammon-Ra, Mouth et Malouli seigneur de Talmis, vêtu comme Khons forment la triade initiale : Horus, sa mère Isis et leur fils Malouli forment la triade finale.

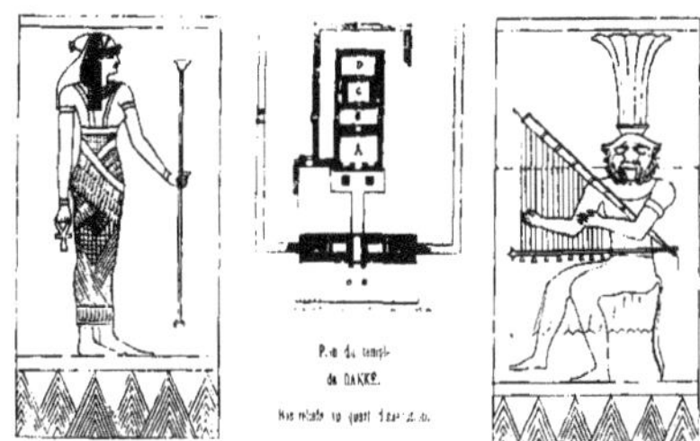

Plan du temple
de DAKKÉ.

Dakké, l'ancienne Pselk des Pharaons, la capitale de Candace, reine d'origine éthiopienne, et la Pselcis des Grecs, ne se compose plus que des restes d'un grand temple que l'on trouve dans une plaine aride, sur la rive gauche du Nil, à huit heures au-dessus de Guirché.

Ce temple, le dernier au Sud, construit par les Ptolémées, était, originairement, dédié à Thoth, seigneur de Pselk, l'Hermès deux fois grand [1], selon les anciennes sculptures d'Atharammon et de son fils Erkamen, rois d'Éthiopie [2]; il fut ensuite agrandi et consacré à Ammon-Ra, à Mouth et à Har-Hat par les Ptolémées Évergète I", Philopator, Évergète II et Auguste. Évergète II, 131 ans avant J. C., fit élever les pylônes qui annoncent de loin le monument : ces pylônes, qui regardent le Nord, contiennent des évidements pour deux mâts pavoisés, quelques salles au-dessus les unes des autres, et deux escaliers pour monter au-dessus de la porte et aux terrasses des pylônes. En avant sont les traces de base d'obélisque et de lions qui ornaient probablement l'entrée du temple; au Sud-Est de ce pylône, on voit les ruines de l'ancien édifice dédié à Thoth : c'est dans ces ruines que fouille le Barabra que l'on voit au premier plan dans la planche ci-contre.

Après ce pylône, se présente un pronaos sur la frise extérieure duquel on lit une inscription grecque ainsi traduite : « Pour la conservation des rois Ptolémées et Cléopâtre, dieux évergètes (ce pronaos a été dédié), au dieu très-grand Hermès Pathnuphis et aux divinités adorées avec lui, l'an XXXV [3]. »

Vue du pronaos et du pylône de Dakké.

C'est dans l'angle intérieur de la colonne, à droite en entrant dans le pronaos A, que l'on voit modelée en creux la figure d'Isis représentée ci-dessus : elle tient, d'une main, le lotus sacré et, de l'autre, la clef de la vie divine. Sur l'autre colonne et dans l'angle opposé au premier, on voit, en pendant d'Isis, le Typhon pinçant de la harpe. On croit que ces deux figures sont les génies du bien et du mal qui semblent régner tour à tour sur le monde.

Après ce pronaos, dont je présente une petite gravure, on entre dans une première salle B, où dégage un escalier montant à la terrasse qui recouvre le monument, et où l'on voit deux portes latérales, dont l'une, celle du côté de l'Est, correspond à deux portes dans les murs d'enceinte. Dans la deuxième salle C, qui est la plus ancienne du temple, on trouve une porte conduisant à un réduit dans le fond duquel on a sculpté en creux deux lions face à face, assis sur leur derrière, ayant entre eux la clef de la vie divine et deux branches de palmier : au-dessus est une lionne ayant au-dessus de la tête le soleil avec deux uréus, et au-dessus du corps un épervier coiffé du pschent et tenant une branche de palmier; en face de cette lionne, est un cynocéphale debout, qui semble l'implorer. Les hiéroglyphes au-dessus de ce cynocéphale sont malheureusement trop frustes pour qu'on puisse se faire une opinion de quelque valeur sur cette représentation extraordinaire [4].

La dernière salle D, fermée de toutes parts, est aujourd'hui sans plafond; on y remarque une couleur violette qui était une préparation à la dorure. C'est dans le temple de Dakké que Champollion jeune a trouvé Thoth (le Mercure égyptien) tenant un caducée pour sceptre comme celui des Grecs et ayant un scorpion avec ses deux serpents.

Autour du temple de Dakké sont des montants de portes se reliant avec des restes de doubles enceintes; tout autour et dans une assez grande surface, sont répandus, çà et là, des débris de vieilles poteries, de tessons, sur lesquels sont écrits, en caractères grecs, des comptes des cohortes romaines qui stationnaient à Pselcis [5].

---

[1] Une série de bas-reliefs, sur les parois du temple, présente, avec des insignes particuliers, toutes les transfigurations de Thoth. On voit d'abord ce dieu en liaison avec Har-Hat, le grand Hermès, la forme primordiale, et dont lui, Thoth, n'est que la dernière transformation, c'est-à-dire son incarnation sur la terre. A la suite d'Ammon-Ra et de Mouth, incarnés en Isis et Osiris, Thoth remonte jusqu'à l'Hermès céleste Har-Hat, la sagesse divine, l'esprit de Dieu, en passant par les formes 1° de Pahitmonfi (celui dont le cœur est bon, 2° d'Arihosonfri ou Arihosmonfi (celui qui produit les chants harmonieux), 3° Meoui la pensée ou la raison.

[2] Dans les bas-reliefs, Erkamen est appelé bien-aimé de Phtah à toujours : la religion éthiopienne était donc pareille à celle des Égyptiens. C'est cet Erkamen qui fit alliance avec les Grecs et qui, selon le récit de Diodore de Sicile, fit égorger par son armée tous les prêtres du pays, parce que les prêtres du temple d'or lui avaient ordonné de quitter le trône et de se donner la mort.

[3] Il y a sur le monument de Dakké beaucoup d'inscriptions grecques (toutes sont des actes de dévotion), avec les noms romains de ceux qui les firent. On se rappelle que les Romains ont parlé ou, tout au moins, accepté pour leurs transactions écrites la langue grecque qu'ils ont trouvée introduite en Égypte.

[4] Voyez cette représentation dans l'ouvrage de Gau.

[5] Le papyrus et le parchemin étaient trop chers au temps des Grecs; on employait de la terre cuite comme à l'ostracisme.

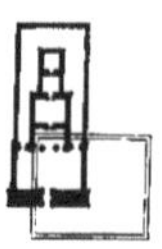

Plan de Korti.

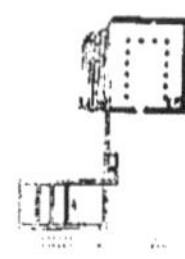

Plan de Maharraka.

Un peu au Sud de Dakké et sur la rive droite du Nil, on voit les ruines de Contra-Pselcis, parmi lesquelles on distingue quelques portions des trois murs en brique crue qui l'enveloppaient au Sud, à l'Est et au Nord; le Nil bordait le côté Ouest de la ville.

A quatre heures environ au-dessus de Dakké, est Korti, où l'on ne voit plus que les restes d'un sanctuaire sans hiéroglyphes, et une enceinte incomplète et ruinée. On peut supposer que cet édifice n'a jamais été terminé; les substructions qui l'entourent autorisent la restitution qui est indiquée sur le plan ci-contre.

Le monument de Maharraka, qui dépendait de l'ancienne Hiera-Sycaminos, est sur la rive gauche, à quatre heures de Korti. Je donne un plan et une vue de cet édifice ruiné, qui n'a ni sculpture ni inscriptions hiéroglyphiques, et qui paraît avoir été consacré à Isis et à Sérapis, selon les inscriptions des soldats romains que l'on trouve sur les murs entourant les trois galeries et la cour dont il se compose; l'escalier circulaire que l'on trouve à droite, en entrant, est unique en son genre parmi les monuments connus de la vallée du Nil. On remarque que le mur du côté Sud a dû être jeté à terre d'un seul coup, pour que le gisement des assises ait pu s'effectuer aussi régulièrement qu'on le voit : une force surhumaine, un tremblement de terre, a pu seul produire cet effet; le déchirement que l'on remarque dans le pan de mur attenant l'escalier circulaire et toutes les masses granitiques qui apparaissent en Nubie semblent justifier cette opinion.

En avant du monument, on voit les restes d'un mur d'enceinte remarquable par ses assises, dont les lits sont courbes et relevés aux angles saillants; enfin, sur le pan de mur, en A, on voit quelques sculptures égyptiennes malheureusement trop endommagées pour que l'on puisse en tirer quelque renseignement historique.

Plus on remonte le Nil, en Nubie, moins on trouve d'habitants; vous ne rencontrez que des ruines, que des villages abandonnés, que des rochers et du sable qui menace de tout engloutir. Les animaux sauvages sont tellement abondants, que les Nubiens doivent garder le peu de moisson qu'ils font, s'ils ne veulent la voir ravagée. (Voyez les petits Nubiens, page 28, et la petite Nubienne ci-dessous, qui non-seulement garde les champs contre les animaux de proie, mais encore fait faction pour avertir le village de la venue des voyageurs, qui, presque toujours, rapinent quelque chose des champs qui se trouvent sur leur passage.)

Petite Nubienne gardant les champs.

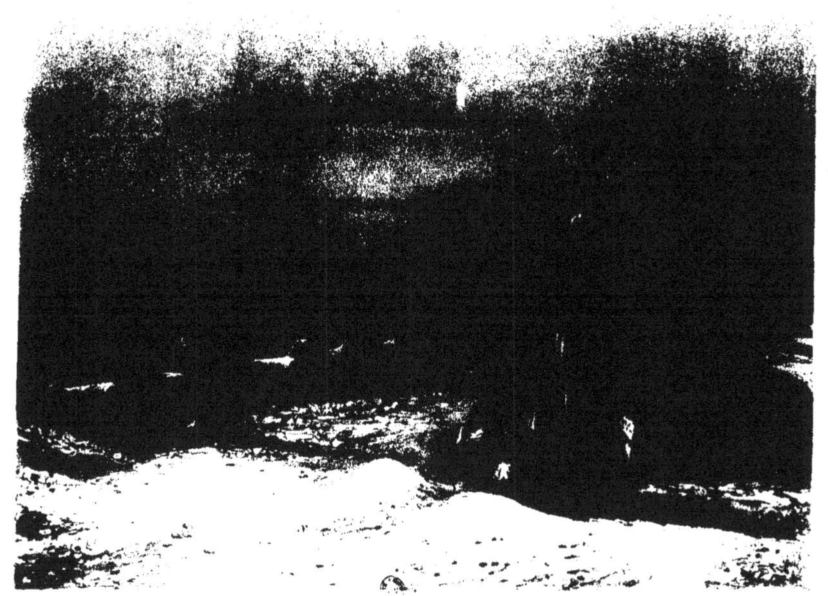

OUADY-ASSEBOUA, TOSKÉ, KOROSKO, AMADA.

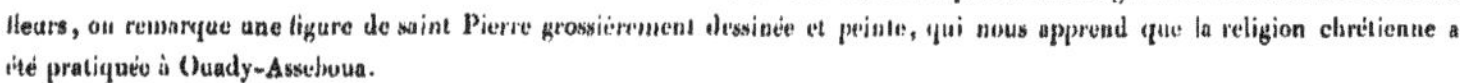

Sur la rive gauche du Nil, à six heures environ au-dessus de Maharraka, on voit le temple d'Ouady-Asseboua (vallée des Lions), qui s'annonce de loin par deux pylônes précédés d'une avenue de sphinx.

Ce monument hémispéos, qui a sa façade au Sud-Est, était originairement dédié au dieu Phré (soleil) et au dieu Phtah (seigneur de justice); on l'attribue au Pharaon Rhamsès II, qui vivait environ 1,600 ans avant J. C.

Deux statues colossales de Rhamsès II, adossées à des obélisques, précèdent l'entrée de l'avenue de sphinx; elles sont encore debout, tandis que celles qui étaient le long des pylônes sont abattues, ainsi que le fait voir ci-dessous la petite gravure de l'un d'eux : c'est pour donner plus d'intérêt à la vue du monument que j'ai représenté ces figures debout, que j'ai aussi supposé les sphinx moins ensablés qu'ils ne le sont réellement, et que j'ai représenté la fouille que je fis faire pour obtenir les dimensions des bases des colosses et des sphinx, afin de connaître l'ensablement au-dessus de la jetée sur laquelle reposent très-probablement les colosses et l'avenue de sphinx : observons ici que les sphinx n'ont plus les bonnets (les pschents) dont ils étaient coiffés jadis.

Sur les pylônes qui terminent l'avenue de sphinx sont sculptées et modelées en creux deux colossales figures de Rhamsès II châtiant les peuplades rebelles; ces sculptures sont malheureusement très-endommagées par les joints de la construction, qui sont très-larges et qui se dégradent de plus en plus.

La porte entre les deux massifs du pylône donne entrée à une cour ayant sur ses côtés deux galeries soutenues par des piliers osiriatiques. Du dessus de l'une de ces galeries, qui se reliait à la terrasse du pronaos, on peut arriver, par de petits escaliers, sur le sommet des pylônes, en traversant, pour arriver à celui du côté Sud, la terrasse qui est au-dessus de la grande porte d'entrée.

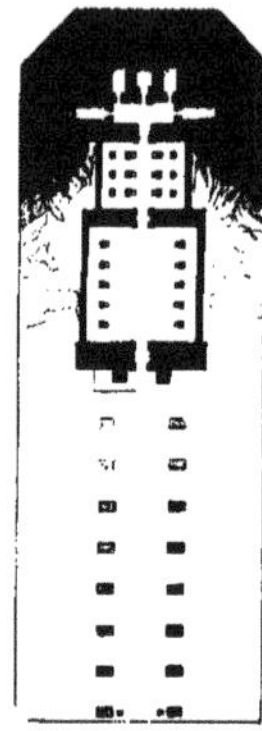

Plan 1. [illegible] le temple d'Asseboua.

De la cour on entre dans le pronaos, qui est très-ensablé; le plafond de cette salle est soutenu par une double galerie de douze piliers; six de ces piliers, vers le milieu du temple, sont ornés de figures de Rhamsès II tenant les emblèmes de la royauté, le fouet et le frein.

Les salles spéos qui terminent le monument sont au nombre de six; elles sont complétement envahies par le sable. On a trouvé, sur les parois de ces salles momentanément dégagées, des bas-reliefs peints, représentant des scènes d'offrandes aux diverses divinités égyptiennes. Dans le sanctuaire est représentée, sur les parois de droite et de gauche, la baris sacrée; au fond et dans une niche flanquée de deux figures de Rhamsès II offrant des

Statue colossale de Rhamsès II renversée près de [illegible] Asseboua.

fleurs, on remarque une figure de saint Pierre grossièrement dessinée et peinte, qui nous apprend que la religion chrétienne a été pratiquée à Ouady-Asseboua.

Il ne reste plus, près du temple d'Asseboua, qu'une trentaine de Nubiens qui sont vers le Sud les derniers Barabras purs, braves gens estimés par leur probité et qui vont presque tous gagner, au Caire, le pain qu'ils reviennent, dans leurs vieux jours, manger dans leurs pays; au-dessus de cette petite population barabra commence, dit-on, le mélange des Barabras et des Noubas.

Après Ouady-Asseboua, sur la rive droite, est Toské, où il y a un petit magasin de vivres pour les troupes du vice-roi [1]; près de là, sur la même rive, est Korosko, petit village où arrivent les caravanes de l'Afrique centrale qui prennent la route du désert, route beaucoup plus courte que la voie du Nil, parce que ce fleuve décrit, au delà, de grandes courbes et est infranchissable à la deuxième cataracte.

Le Nil, à partir de Korosko, prend une direction vers l'Ouest qui est tout opposée à son cours ordinaire : le vent du Nord, qui jusque-là favorise presque continuellement la navigation contre le courant, ne peut plus être utile; il faut remonter la barque à la cordelle jusqu'à Amada.

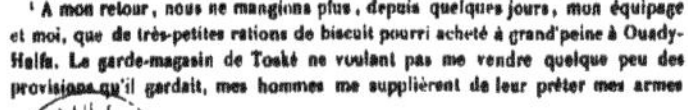

Petite caravane de l'Afrique centrale.

---

[1] A mon retour, nous ne mangions plus, depuis quelques jours, mon équipage et moi, que de très-petites rations de biscuit pourri acheté à grand'peine à Ouady-Halfa. Le garde-magasin de Toské ne voulant pas me vendre quelque peu des provisions qu'il gardait, mes hommes me supplièrent de leur prêter mes armes pour enlever de vive force, tout en les payant, les aliments qui nous étaient refusés. Je m'opposai à ce marché illégal, quelque triste que fût notre position. Je chargeai mon fusil avec de petites pierres (je n'avais plus de plomb) et fus assez heureux pour tuer quelques colombes. Dieu est grand, dirent les Arabes.

Amada, l'ancienne Thyri des Grecs, est à cinq heures de Korosko, sur la rive gauche du fleuve. Son temple, charmant petit monument, dédié à Phré, construit en grès, est malheureusement très-ensablé; il présente, du côté du fleuve, les restes d'une porte qui était probablement placée entre des pylônes et qui donne entrée à un pronaos dont le plafond est soutenu par douze piliers carrés : entre les quatre piliers du centre, le plafond a été enlevé pour ouvrir l'intérieur du clocheton en brique crue élevé sur la terrasse et d'où l'on a probablement fait résonner une feuille de métal pour appeler les chrétiens de la vallée du Nil à la prière. Après les douze piliers et en avant des salles, on remarque quatre colonnes à pan qui sont le type de l'ordre grec : je crois devoir rappeler ici que ces colonnes ne se trouvent que dans les plus anciens monuments et dans ceux qui sont de la plus belle époque de l'art.

Toute cette première partie du monument, qui est la plus moderne, est ornée de magnifiques sculptures d'offrandes et d'inscriptions dues à Thouthmosis IV, qui vivait environ 1490 ans avant J. C. : Champollion jeune y a trouvé de curieuses dédicaces ou inscriptions laudatives; l'une d'elles est ainsi traduite : « Voici ce que dit le dieu Thoth, le seigneur des divines paroles, aux autres dieux qui résident dans Thyri : Accourez et contemplez ces offrandes grandes et pures, faites pour la construction de ce temple, par le roi Thouthmosis IV, à son père, le dieu Phré, dieu grand manifesté dans le firmament. »

Du pronaos on entre dans une première salle en avant du sanctuaire et de deux petites salles ayant chacune un petit réduit : toutes ces salles, éclairées par de petites fentes qui traversent le plafond et qui sont indiquées sur le plan et dans la coupe, ont eu leurs parois recouvertes, par les chrétiens, d'une couche de terre peinte à la chaux pour cacher les figures et inscriptions égyptiennes; aujourd'hui cet enduit sans consistance tombe, entraîne avec lui quelques mauvaises peintures chrétiennes et découvre au regard des voyageurs les anciens Pharaons faisant leurs dévotions selon le rit égyptien.

Dans la salle d'entrée on voit, en A, un curieux bas-relief peint qui montre que les anciens Égyptiens se saluaient, se faisaient amitié par le nez, comme cela se pratique encore aujourd'hui dans les îles de l'Océanie; les yeux des personnages de ce fragment de bas-relief représenté ci-dessous sont, comme partout ailleurs, de profil selon le mode hiératique et religieux : la femme peinte en jaune rappelle les belles couleurs des Nubiennes actuelles.

Une partie des sculptures de cette première salle et celles des quatre petites salles à droite et à gauche du sanctuaire sont dues à Amenoph II; le sanctuaire, qui est là, comme partout ailleurs, la partie la plus ancienne du temple, est dû à Thouthmosis III (Mœris), que l'on suppose avoir vécu 1713 ans environ avant J. C.[1]

Je donne ici, d'après Champollion jeune, et avec les beaux caractères de l'imprimerie royale, tout récemment gravés d'après les dessins de M. Dubois, une dédicace sculptée sur les deux jambages de la porte de l'intérieur, qui peut donner une idée des dédicaces des autres temples. Près des caractères égyptiens, j'ai placé des chiffres correspondant à la traduction, afin que l'on puisse recourir de la traduction aux caractères.

1, Le dieu bienfaisant; 2, seigneur du monde; 3, le roi; 4 (soleil stabilitateur de l'univers); 5, le fils du soleil; 6, qui l'aime, lui; 7 (Thouthmosis, modérateur de justice); 8, il a fait; 9, ses dévotions; 10, à son père; 11, le dieu Phré; 12-13-14, le dieu des deux montagnes célestes (le ciel et la terre); 15, lui a élevé; 16, ce temple; 17, en; 18, pierre dure; 19, et l'a fait; 20, pour être vivifié; 21, à toujours.

Mœris mourut pendant la construction du temple d'Amada : son successeur, Aménophis II, continua les travaux commencés; il fit exécuter les sculptures des quatre salles qui sont à droite et à gauche du sanctuaire, ainsi qu'une partie de celles de la salle qui les précède.

Les travaux d'Aménophis II sont consignés dans une grande et belle stèle de vingt lignes qui occupe le fond du sanctuaire; cette stèle, qui a été copiée par Champollion jeune, est publiée par M. Champollion-Figeac dans son ouvrage sur l'Égypte.

Avec le plan, la coupe, une inscription et un bas-relief du temple d'Amada réunis sur cette feuille, je présente une vue extérieure de ce monument prise latéralement du côté Sud : elle montre à quel degré le sable engloutit le temple (dans les parties extérieures de la coupe, j'ai aussi figuré l'ensablement). Sur la terrasse du monument sont les domestiques qui m'accompagnaient toujours dans mes excursions; à droite et à gauche, les restes d'enceinte en brique crue, et, dans le fond du tableau, le Nil et la belle végétation qui borde ses rives.

Après Amada, le Nil reprend son cours ordinaire vers le Sud; en peu d'instants on arrive à Derri, que nous allons voir.

[1] Thouthmosis est un nom qui se décompose comme presque tous les noms égyptiens; il veut dire engendré par Thoth, divinité des sciences et des arts. Mœris vient de moï-ré, qui signifie aimé de Phré, dieu soleil, modérateur de justice, stabilitateur de l'univers.

VUE DU TEMPLE.

DERRI. — IBRIM. — NUBIENS.

Derri, la capitale, la Diospolis de la Nubie, que l'on croit être la Phœnicôn des Grecs, est sur la rive droite du Nil, à une heure d'Amada, à 56 lieues de la première cataracte, sous le 22ᵉ degré 44 minutes de latitude Nord et sous le 30ᵉ degré 9 minutes de longitude Est.

Dans la vue générale de Derri, prise du Nil, de l'endroit où ma barque fut amarrée, on voit, au premier plan, une île dans laquelle on construit une barque qui se trouvera à flot lors de l'inondation ; c'est après avoir traversé au gué le bras du fleuve qui est de l'autre côté de l'île, que je suis arrivé à Derri, situé au milieu de vieux sycomores et de dattiers admirables de force et de vigueur : on y remarque une mosquée au blanc minaret, la seule que l'on rencontre entre les deux cataractes, et la maison blanche du gouverneur, qui se distingue des autres habitations, toutes bâties en terre.

Bien qu'il n'y ait pas de bazar à Derri, il s'y fait un commerce d'exportation assez étendu de dattes, d'araqui (esprit de dattes) et de jolies nattes de diverses couleurs ; ce commerce rend moins malheureuse la population de Derri, qui peut s'élever à huit cents individus : on dit que cette population, qui s'empara du pays avant Méhémet-Ali, descend en grande partie des Bosniaques, qui furent envoyés en Nubie après la conquête du sultan Sélim. Le temple de Derri, dont je donne un plan, une coupe et une vue, est derrière et hors les murs de Derri, au pied de la montagne, sur laquelle il est en partie élevé et dans laquelle ont été creusés son sanctuaire et les salles qui l'entourent ; cet hémispéos, le seul monument important de la rive droite du Nil, entre les deux cataractes, a été dédié, par Sésostris, à Ammon-Ra, le dieu suprême, et à Phré, l'esprit du soleil, qu'on y invoquait sous le nom de Rhamsès, qui fut le patron de ce conquérant et de toute sa lignée [1]. Ce temple, dont la façade regarde le couchant, a été très-ravagé ; on n'y voit plus que la trace des statues colossales qui, après le pronaos, décoraient l'entrée du temple proprement dit.

La partie du spéos est assez complète, mais elle est très-endommagée. Une grande salle dont le plafond est soutenu par six piliers précède le sanctuaire ; elle est ornée de toute part d'inscriptions, de bas-reliefs, de purifications et d'offrandes : on y remarque, sur la face du sanctuaire et coupé par la porte d'une des salles modernes placées à droite et à gauche du sanctuaire, un bas-relief représentant Sésostris qui châtie des ennemis, secondé par un lion, avec cette inscription, ainsi traduite par Champollion jeune : « Ce lion, serviteur de Sa Majesté, met en pièces ses ennemis. » Le bas-relief qui fait pendant à ce dernier représente Sésostris au milieu d'un tamarisc, arbre sacré des anciens ; au-dessous de ces deux bas-reliefs sont classés, par rang d'âge, les portraits et les noms des sept fils et des huit filles de Sésostris.

Dans le sanctuaire, sur les parois de droite et de gauche, on voit Sésostris brûlant l'encens devant la baris sacrée, qui, d'un côté, est sur un autel, entourée de fleurs, et, de l'autre, est portée par des prêtres, parmi lesquels est le fils de Sésostris revêtu d'une peau de panthère. Au milieu de ce sanctuaire on voit les traces d'un petit autel attenant à la masse, et, sur les parois latérales, les trous des montants et des traverses de la grille ou du rideau qui devait exister en avant de cet autel.

Dans le fond du sanctuaire, quatre figures assises, plus grandes que nature, de haut relief et coloriées, furent toutes mutilées ; elles représentaient probablement Sésostris au milieu de la divine triade. Le sol du temple est quelque peu raboteux, mais il était recouvert de nattes et tapis, comme on le voit indiqué sur les peintures égyptiennes et comme cela se fait encore aujourd'hui dans les mosquées arabes.

Dans la vue du temple et de la montagne qui le contient en partie, on voit, au premier plan, des tombeaux de Nubiens ombragés par des branches de palmiers. Sur le petit mur d'enceinte il y a deux petits abris où les parents du défunt déposent de petits vases remplis d'eau et de graines pour que les petits oiseaux puissent y venir chercher leur nourriture. Il semble que, se nourrissant de pieuses offrandes, les oiseaux soient une image sensible des transformations variées et perpétuelles que la nature présente à l'examen de l'observateur : leur gazouillement joyeux chasse les idées lugubres ; en s'élançant dans les airs ils semblent ouvrir une voie sacrée à l'âme du défunt, qui se détache des liens terrestres pour s'élever vers la Divinité.

Avant de quitter Derri, capitale de la Nubie, je dirai quelques mots de la population que j'ai rencontrée entre les deux cataractes.

Le Nubien a les cheveux demi-crépus, quelquefois coupés en brosse sur le haut de la tête ; s'il est en deuil, il laisse pousser sa chevelure, qu'il tresse et qu'il graisse avec une huile, nommée delka, composée d'essence retenue dans un peu de moelle de bœuf. Cependant, lorsqu'il veut porter la taqui, petite calotte blanche, il ne conserve de sa chevelure qu'une petite mèche sur l'occiput, comme les Chinois ; parfois aussi, un turban protége sa tête contre les ardeurs du soleil. Son tempérament est sec ; malgré son teint cuivré, on voit le sang circuler sous sa peau transparente. Il a la plante des pieds crevassée à force de marcher pieds nus,

Plan et coupe du temple de Derri.

---

[1] Cette particularité explique pourquoi on trouve sur les monuments de Guirché, d'Assebous et d'Ibsambuul le roi Rhamsès présentant ses offrandes ou ses adorations à un dieu portant le nom Rhamsès : on se tromperait en supposant que ce souverain rendait ce culte à lui-même. Rhamsès était simplement un des mille noms du dieu Phré, le soleil ; ces bas-reliefs ne prouvent tout au plus qu'une flatterie sacerdotale envers le roi vivant, celle de donner au dieu du temple celui de tous ses noms que le roi avait adopté, et quelquefois même les traits du visage du roi et de la reine, fondateurs du temple. (Champollion jeune, page 144.

tantôt sur le sable brûlant du désert, tantôt dans l'eau; du reste, son corps est à peine couvert : une chemise, nommée maricou, en toile de coton ou en poil de chameau, un caleçon ou seulement une pièce d'étoffe plus ou moins grande couvrent et drapent avec noblesse toute sa personne; un cordon suspend à son cou des amulettes enveloppées de cuir vert et rouge. Ces amulettes ne sont autre chose que des versets du Coran ou des signes cabalistiques qui jouissent d'une grande réputation dans le traitement des maladies que ces peuplades ne savent pas guérir. Souvent le Nubien est armé de lances assez meurtrières, à cause de leurs fers retournés en crochets; à son bras est presque toujours suspendu un couteau-poignard à deux tranchants renfermé dans sa gaîne; quelquefois il porte sur l'épaule un glaive à deux tranchants, élargi à son extrémité [1] : son armure est complète lorsqu'il possède un bouclier en peau de rhinocéros ou de crocodile. Quand un Nubien n'a pas de cahute en terre et qu'il ne couche pas à la belle étoile sur le sable, il repose, à l'abri du vent, contre un rocher, contre une berge du Nil dont il abat la végétation, ou bien il s'installe dans un réduit de nattes suspendues aux arbres : c'est dans ce domicile portatif que les nouveaux mariés vont, loin du village, savourer leur lune de miel (voyez la gravure ci-dessous).

Les Nubiennes, qui, contrairement à l'usage musulman, ont toutes le visage découvert, sont de très-belles femmes : leurs yeux en amande sont bordés d'une ligne noire tracée avec une dissolution d'antimoine; leur teint est de cette belle couleur d'or qui, comme le disent les poëtes arabes, fait rougir ce précieux métal; leurs chevelures demi-crépues sont tressées en nattes si nombreuses, si multipliées, si touffues, pour ombrager leurs figures, qu'elles ne peuvent renouveler leurs coiffures que très-rarement; parfois une bandelette sur leur front empêche le delka dont elles graissent leur chevelure de couler sur leur visage [2]. Le delka sert aussi à frotter leur corps et celui de leurs maris; cela s'appelle faire le delka [3]. Les Nubiennes se drapent, avec beaucoup de dignité, dans une longue pièce d'étoffe de coton blanc ou bleu, ou de poil de chameau, qui passe sous le bras droit et s'attache sur l'épaule gauche avec une grosse épine en guise d'épingle; elles portent encore des colliers, des bracelets en verre et en cuivre et des boucles d'oreilles; elles sont tatouées, avec de l'antimoine, au menton, au front et aux joues; elles ont même quelquefois, sur les bras et le corps, des dessins en tatouage boursouflé; leurs mains et parfois leurs pieds, qui sont crevassés comme ceux des hommes, sont teints en couleur orange faite avec le henné [4] (voyez les Nubiennes, page 2 et verso 4).

Les jeunes filles nubiles ne sont vêtues que d'un rahad, petite cotte en lanière de peau de gazelle ornée, à sa partie supérieure, de coquillages univalves et quelquefois de pièces de monnaie; à leur cou pendent des amulettes, des colliers de verroteries de couleur, de morceaux d'ambre; leurs bras et quelquefois même leurs jambes sont ornés de bracelets de verre, de cuivre et d'ivoire [5], parfois d'argent. A leurs oreilles et soutenues par une chaînette au-dessus de leur tête, pendent des boucles d'oreilles, quelquefois des amulettes. Avec leur rahad, les jeunes Nubiennes portent encore sur l'épaule ou sur leur tête une petite pièce d'étoffe (djouerieh) en coton blanc, bleu, ou en poil de chameau, avec laquelle elles se mettent à l'abri du soleil et des regards des curieux. Une jeune Nubienne qui ne porte que son rahad se présente sans crainte ni embarras; elle est naïve, naturelle, elle a même une certaine candeur dans le maintien, et sa nudité, si étrange pour un Européen, n'entraîne aucun dérèglement de mœurs.

Pour être différente de la nôtre, sa pudeur n'en est pas moins réelle : si elle se voit exposée à des regards trop indiscrets, elle se voile le visage de préférence à toute autre partie du corps; car sa pudeur consiste à cacher des traits qui seuls pourraient la faire distinguer des autres femmes. Innocente et douce comme une gazelle, une jeune Nubienne se marie à dix ou douze ans, dès qu'elle peut devenir mère, apportant un ou deux chameaux en dot; son père lui abandonne en propre la moitié de l'apport fait par le prétendu qui veut en faire sa femme. En cas de divorce, le père rend ce qu'il a reçu; la femme seule conserve ce qui lui a été alloué.

Les Nubiens ne savent pas leur âge; le temps ne se compte chez eux et chez les Arabes que par la durée des lunes. Pour éviter le service militaire, qui leur est odieux, les malheureux Nubiens s'arrachent les dents, se coupent et coupent à leurs fils l'index de la main droite, et vont même jusqu'à se priver de la vue avec du jus de tabac.

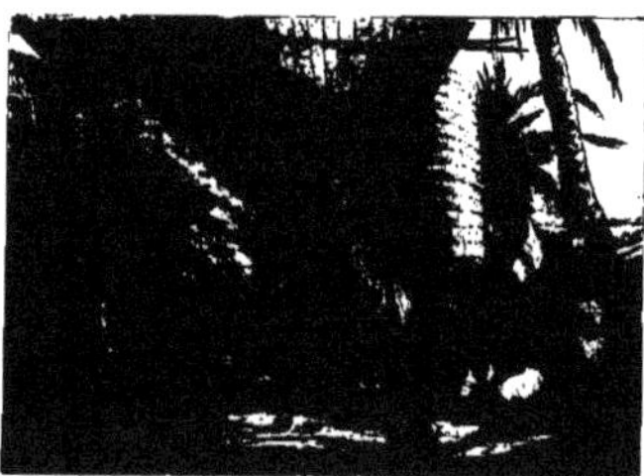

[1] Ces sabres, assez communs en Nubie, me paraissent avoir été ceux-là mêmes qui armaient les anciennes légions grecques et romaines : cela peut se comprendre dans un pays où le fer ne s'oxyde pas et où les habitants soignent leurs armes.

[2] La chevelure de Jupiter Ammon porte cette bandelette, qui est restée inexpliquée jusqu'ici. La coiffure actuelle des femmes nubiennes est exactement celle des femmes représentées dans les bas-reliefs de la vieille Égypte; souvent un dépôt de pommade est figuré sur leurs têtes : elles portent les mêmes colliers, les mêmes bracelets; elles sont aussi peintes en jaune : l'analogie est frappante.

[3] Cette pratique donne de la souplesse au corps et protège en même temps contre l'ardeur du soleil.

[4] Les feuilles de cet arbre lawsonia inermis, L..., macérées dans l'eau, finissent par faire une pâte avec laquelle les Nubiennes se colorent les extrémités tous les quinze ou vingt jours.

[5] Les anneaux d'ivoire étaient jadis la récompense réservée aux braves.

A une heure et demie au-dessus de Derri, on arrive, sur la rive gauche du Nil, à Terdjé, petit village dominé au loin par la chaîne libyque, dans laquelle j'ai dessiné le petit tombeau gravé ci-contre, qui est remarquable par la forme pyramidale du mamelon qui le contient et par ses belles sculptures, surtout celles qui décorent le côté visible de l'embrasement de porte, où deux belles figures de femmes invitent au silence et au recueillement. La fosse à momie est dans la première salle; le sanctuaire, qui fait face à l'entrée, n'a jamais été achevé; il contient une gaîne surmontée d'une ébauche qui semble être celle d'une tête de vache.

Plan et coupe d'un tombeau près de Terdjé.

Ibrim, sur la rive droite, à une demi-heure de Terdjé, est l'ancienne Primis ou Premnis des géographes grecs, ainsi nommée parce qu'elle était la limite extrême après laquelle il n'y avait plus de nomes grecs ou romains : deux sentiers, l'un au Nord, l'autre au Midi, conduisent au sommet de la montagne de grès sur laquelle s'élève cette petite ville, aujourd'hui ruinée, abandonnée.

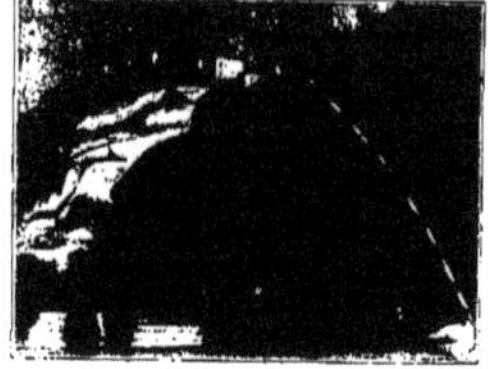

Vue d'Ibrim et des entrées des chapelles.

Quatre chapelles des anciens Pharaons sont creusées dans le flanc Sud de la montagne d'Ibrim, à 4 ou 5 mètres au-dessus des basses eaux; la plus ancienne, la deuxième en venant du Nord, remonte à Touthmosis I" : le fond de cette excavation, de forme carrée comme toutes les autres, est occupé par une niche contenant quatre figures, tiers de nature, représentant deux fois ce Pharaon assis entre le dieu seigneur d'Ibrim (Prim), c'est-à-dire une des formes du dieu Thoth à tête d'épervier, et la déesse Saté (Junon), dame d'Éléphantine et de Nubie. La niche est bordée d'une ligne d'hiéroglyphes; les parois latérales n'ont jamais été ni sculptées ni peintes.

Le second spéos, au Sud, appartient, selon Champollion jeune, au règne de Mœris, dont la statue, assise entre les deux divinités de Prim, Thoth et Saté, occupe la niche du fond : cette chapelle, dédiée aux dieux du pays, a été creusée par les soins d'un prince nommé Nahi, grand personnage portant, dans toutes les légendes, le titre de gouverneur des terres méridionales, désignation de la partie de la Nubie comprise entre les deux cataractes. Ce qui reste d'un grand tableau sculpté sur la paroi de droite montre ce prince, debout, devant le roi assis sur un trône, accompagné de plusieurs autres fonctionnaires publics présentant au souverain les revenus et tributs en or, en argent, en graines, etc., qui provenaient des terres méridionales dont il avait le gouvernement. Sur la porte du spéos est gravée la dédicace que le prince a faite du monument.

Vue intérieure d'une chapelle d'Ibrim, premier spéos d'Ibrim.

Le troisième spéos d'Ibrim est du règne suivant, de l'époque d'Amenophis II, successeur de Mœris, sous lequel les terres du Midi étaient administrées par un prince nommé Osorsaté. Sur la paroi de droite, ce roi, Amenophis II, est représenté assis, et deux princes, parmi lesquels Osorsaté occupe le premier rang, présentent au Pharaon le tribut des terres méridionales et quelques-unes des productions naturelles du pays, telles que des lions, des lévriers, des chacals vivants, comme l'indique l'inscription gravée au-dessus du tableau, et qui spécifiait le nombre de chacun des objets offerts, comme, par exemple, quarante lévriers, dix chacals vivants......; le texte est dans un si déplorable état de dégradation, que Champollion jeune n'a pu recueillir que des faits généraux. Au fond du spéos, la statue d'Amenophis II est assise entre les dieux d'Ibrim, Thoth et Saté.

Le plus récent de ces spéos, le quatrième, est encore un monument du même genre que les précédents : il est du règne de Sésostris Rhamsès le Grand; il est aussi d'un gouverneur de Nubie qui l'a fait creuser, en l'honneur des dieux d'Ibrim, à la gloire du Pharaon dont la statue est assise au milieu de ces deux divinités, qui ont été sculptées en ronde bosse, dans la niche, au fond du spéos. A cette époque, les terres du Midi étaient gouvernées par un prince éthiopien dont Champollion jeune a retrouvé des statues à Guirché et à Ibsamboul, que nous verrons prochainement : ce personnage est figuré, dans le spéos d'Ibrim, présentant à Sésostris ses respectueux hommages, à la tête de tous les fonctionnaires publics de son gouvernement, parmi lesquels on compte deux hiérogrammates, plus le grammate des troupes, le grammate des terres, l'intendant des biens royaux et d'autres scribes sans désignations plus particulières. Il est à remarquer, à l'honneur de la galanterie égyptienne, que la femme du prince éthiopien, Satnoui, se présente devant Sésostris immédiatement après son mari et avant les autres fonctionnaires : cela montre, aussi bien que mille autres faits pareils, combien la civilisation égyptienne différait essentiellement de celle du reste de l'Orient et se rapprochait de la nôtre; car on peut apprécier le degré de civilisation des peuples d'après l'état plus ou moins supportable des femmes dans l'organisation sociale. On remarque, à gauche, un trou à travers le rocher qui projette de la lumière sur les divinités qui sont dans la niche.

Après avoir parcouru la Nubie, où l'on ne voit que des constructions en ruine, le voyageur, à une demi-heure au-dessus d'Ibrim, est tout à coup frappé d'étonnement et d'admiration en découvrant, sur la rive gauche du Nil, les temples d'Ibsamboul taillés à même la montagne, décorés de colossales figures et de beaux hiéroglyphes admirablement conservés.

De ces deux temples, élevés au temps du grand Sésostris, nous n'examinerons tout d'abord que celui qui est le plus au Nord et qui figure sur le premier plan dans la planche gravée; il est désigné sous le nom de petit temple, par rapport au grand temple que l'on aperçoit dans le fond du tableau, rapport matériel que l'on peut considérer comme le rapport moral qui pouvait exister, lors de leur exécution, entre l'homme et la femme.

Ce petit temple, dont je donne ci-contre le plan et la coupe, a sa façade tournée au Sud-Ouest; cette façade, taillée en talus sur la masse de grès qui, à cet endroit, borde le Nil, est ornée de six colossales figures évidées en haut relief dans six niches et de beaux et profonds hiéroglyphes qui entourent les niches et la porte d'entrée.

Plan et coupe du petit temple d'Ibsamboul.

Les têtes, qui dans ce monument, comme dans beaucoup d'autres, sont des portraits, représentent Sésostris et sa première femme, Moufréari (Irénouphré a été la seconde); à leurs pieds sont leurs enfants aussi sculptés en haut relief et qui sont doubles de la stature humaine afin d'être en rapport avec les colossales figures des auteurs de leurs jours.

Le rocher, la masse brute de la montagne, recouvre le haut et le bas d'une partie de la façade : nulle part, que je sache, on ne lit cette remarque, qui me paraît importante. Ne peut-on déduire de cet état de choses, qui existait peut-être au sommet dégradé du grand temple et que l'on peut retrouver dans sa partie inférieure, aujourd'hui ensablée, que tout dans la nature vient de la terre et y retourne? Cette opinion, qui m'est toute personnelle et qui n'est basée que sur des pressentiments, trouvera sans doute des contradicteurs; je la livre pourtant en toute humilité telle que je l'ai conçue, parce qu'elle pourra provoquer des critiques, des recherches et amener, si je ne me trompe, la découverte de la vérité sur ma nouvelle observation.

Près du temple, au Nord et dans la masse même du rocher, un grand bas-relief fait voir un prince éthiopien offrant au roi Rhamsès le Grand l'emblème de la victoire[1]. Ce tableau contient une légende en beaux caractères hiéroglyphiques que Champollion jeune traduit ainsi : « Le royal fils d'Éthiopie a dit : Ton père Ammon t'a doté, ô Rhamsès! d'une vie stable et pure; qu'il t'accorde de longs jours pour gouverner le monde et pour contenir les Libyens à toujours. »

Groupe mutilé dans le temple d'Ibsamboul.

La porte, entourée de bas-reliefs moins profonds que les autres et couronnée d'uréus, donne entrée à une première salle dont le plafond est soutenu par six piliers ornés de têtes de Vénus Athor au-dessus d'une gaîne ornée d'hiéroglyphes; des bas-reliefs d'offrandes religieuses sont sculptés et peints sur toutes les parois de la salle et sur les faces des piliers; le plafond est aussi orné d'une ligne d'hiéroglyphes. La deuxième salle qui précède le sanctuaire et les deux petites salles qui sont à son extrémité sont aussi décorées de bas-reliefs religieux; enfin, sur les parois du sanctuaire, décoré latéralement d'offrandes faites par Sésostris aux divinités du temple, on remarque, dans la niche qui occupe le fond du sanctuaire, les restes d'une figure de femme, probablement celle de Vénus Athor, sous les traits de la femme de Sésostris, soutenue, sinon incorporée dans la vache sacrée, qui était le symbole vivant de Vénus. L'état de dégradation de ce groupe, représenté ci-contre, ne permet malheureusement pas de voir comment les figures de femme et de vache pouvaient être mariées entre elles : la niche, qui est encadrée dans deux pilastres à tête de Vénus, n'est pas exactement dans l'axe du temple; la différence sur le côté gauche est occupée par une petite figure en bas-relief de Sésostris adorant la divinité qui occupe la niche. Des nattes et des tapis, que l'on voit très-souvent représentés dans les peintures égyptiennes, recouvraient très-probablement le sol, qui, dans ce temple comme dans tous les autres, est resté à l'état brut.

Vue intérieure de la première salle du petit temple d'Ibsamboul.

En visitant le petit temple d'Ibsamboul, qui, considéré isolément, est une excavation gigantesque, le voyageur est surtout frappé de l'harmonie qui existe entre l'architecture, la sculpture et la peinture, lesquelles concourent si puissamment à la magnificence de cet admirable monument. Le sable, qui couvre tout en Nubie, arrive, par un ravin entre les deux temples, jusque sur les bords du Nil, dont il étouffe la belle végétation : ce torrent de sable recouvre la façade et pénètre même dans l'intérieur du grand temple d'Ibsamboul, ainsi que le montre la vue de ces deux monuments.

Nous allons maintenant examiner ce monument, encore plus grandiose et plus digne d'admiration que le petit temple que nous venons de voir.

[1] Cet emblème, représenté plusieurs fois dans le triomphe de Rhamsès Meïamoun, verso 18, est ordinairement porté par les princes et les fils de roi.

GRAND TEMPLE D'IBSAMBOUL.

Plan du grand temple d'Ibsamboul.

Le grand temple d'Ibsamboul, qui est un spéos comme le petit temple que nous venons de voir, fut dédié au dieu Phré à tête d'épervier (hiéracocéphale) par le Pharaon Rhamsès III, 1565 ans environ avant J. C.

La façade de ce temple, qui devait communiquer avec le fleuve sacré par un perron aujourd'hui ensablé, se compose de quatre statues assises de Rhamsès III ayant ses enfants entre les jambes; au-dessus de la porte d'entrée, une niche contient le dieu du temple, Phré, auquel Rhamsès III, sous ses deux aspects, présente ses offrandes. Le monument est couronné par une belle corniche surmontée de 28 cynocéphales [1], au-dessous de laquelle est une inscription doublement écrite de droite à gauche et de gauche à droite. Une petite stèle, à gauche de la base du monument, fait supposer l'existence de son pendant à droite, dans la partie ensablée.

La partie supérieure d'un des colosses est détachée de la masse; la tête est à moitié ensevelie dans le torrent de sable qui cache la partie inférieure du temple, la face en est heureusement assez découverte pour que l'on puisse admirer de près ces colossales figures, chefs-d'œuvre de la statuaire égyptienne, qui, malgré la régularité systématique imposée par la religion aux artistes, brillent par leur majesté, leur jeunesse, leur beauté, et surtout par leur parfaite ressemblance entre elles et avec tous les autres portraits de Sésostris que l'on voit à l'intérieur du temple, ainsi que dans beaucoup d'autres monuments égyptiens à Memphis et à Thèbes [2].

Si l'aspect de la façade frappe d'étonnement et d'admiration, l'intérieur répond dignement au grandiose de l'extérieur. En entrant dans la première salle, le silence et l'obscurité vous frappent d'une sorte de terreur qu'accroît encore la vue de huit colossales statues coloriées; il semble, dans la nuit profonde dont ces géants sont enveloppés, qu'ils soutiennent la montagne suspendue au-dessus de votre tête : l'oscillation des lumières, qui sans cesse déplace les ombres, donne à ces géants une apparence de vie et de mouvement telle qu'on les croirait animés. Au plafond sont représentés des éperviers, ailes déployées, tenant les emblèmes de la victoire et portant au ciel des vœux, qui sont hiéroglyphiquement gravés entre chacun d'eux; sur la paroi de gauche, restée intacte, on voit un grand bas-relief représentant Sésostris sur son char; ses chevaux sont lancés au grand galop : il est suivi de trois de ses fils aussi montés sur des chars de guerre. Sésostris met en fuite une armée africaine et assiège une place forte. A côté de ces tableaux, on le voit à pied; il vient de terrasser un premier chef ennemi et en perce un autre d'un coup de lance. Près de là, le roi est assis au milieu de ses officiers : on vient lui annoncer que les ennemis attaquent l'armée : son char est préparé; des serviteurs modèrent l'ardeur des chevaux : plus loin se voit l'attaque des ennemis montés sur des chars de guerre et combattant sans ordre une ligne de chars égyptiens régulièrement rangés en bataille. Vient ensuite le triomphe du roi et sa rentrée solennelle, à Thèbes, sans doute : il est debout sur un char superbe traîné par des chevaux richement caparaçonnés qui marchent au pas; devant le char sont deux rangs de prisonniers africains, les uns de race nègre, les autres de race barabra; puis, sur la face en retour, près de la porte de la deuxième salle, le roi fait hommage de ces captifs de diverses nations aux dieux de Thèbes et à ceux d'Ibsamboul. Ces diverses figures sont groupées et composées d'une manière admirable : il est à remarquer dans ce tableau, comme dans tous les tableaux égyptiens, que la figure du roi est plus grande que les autres; partout aussi elle respire, comme dans les colosses de la façade, la majesté, la jeunesse et la beauté.

Coupe du grand temple d'Ibsamboul.

La paroi de droite, malheureusement endommagée par deux portes de salles modernes, est couverte par une immense composition représentant une bataille, un camp entier, la tente du roi, ses gardes, ses chevaux, ses chars; les bagages de l'armée, les jeux, les punitions militaires, etc.... Ce vaste bas-relief, qui a une analogie remarquable avec les sculptures de Luxor et du Rhamesseïon de Thèbes, porte la même date (9 épiphi, de l'an V du règne de Sésostris); les peuples qu'on y combat peuvent, à leur costume, être reconnus pour des Bactriens, des Mèdes et des Babyloniens.

Une stèle placée entre deux colosses et que l'on peut voir dans la coupe ci-contre est un décret du dieu Phta en faveur de Rhamsès le Grand, auquel il prodigue des louanges pour ses travaux et ses bienfaits envers l'Égypte; à la suite est la réponse du roi au dieu en termes les plus révérencieux : c'est un monument des plus curieux et peut-être unique en son genre. (Voyez l'ouvrage de Champollion jeune.)

---

[1] Cet animal, emblème de la justice divine et qui se voit sur beaucoup de monuments égyptiens, paraît avoir été à l'état de domesticité chez les anciens Égyptiens.

[2] Tous les membres sont identiquement placés; les oreilles de ces colosses ont un mètre et demi de haut; le poing tient tout entier dans une narine.

Vue du sanctuaire du grand temple d'Ibsamboul.

De la grande et splendide salle d'entrée, représentée ci-après, on arrive à huit salles qui ont été refouillées latéralement et postérieurement au temple proprement dit : ces salles sont irrégulières, leurs parois sont brutes; les quatre portes qui les mettent en communication avec le temple coupent malheureusement les intéressantes sculptures qui décorent la principale salle.

La deuxième salle du temple, dont le plafond est soutenu par quatre piliers, est toute couverte de sculptures religieuses; elle donne entrée, par trois baies, à une salle transversale aussi décorée de sculptures religieuses, et qui précède le sanctuaire et deux petites salles de service qui n'ont pas été sculptées. Sur les parois de droite et de gauche du sanctuaire, on voit des baries sacrées et des traces de scellement de grille ou de traverse pour soutenir un rideau. Au milieu est un petit piédestal à offrande tenant à la masse et orné du cartouche de Sésostris III [1]. Dans le fond du sanctuaire sont quatre figures de haut relief et coloriées représentant Sésostris assis au milieu des dieux Ammon-Ra, Phré et Phta.

Ce sanctuaire, ces dieux que l'on trouve dans de sombres demeures au centre de la terre, frappent l'esprit du voyageur : en songeant au passé, on comprend qu'ils devaient commander le respect, le recueillement [2]; si l'on songe au temps présent, on est étonné de se trouver dans des sanctuaires jadis impénétrables. Quelles révolutions le temps n'a-t-il pas apportées dans les idées religieuses! Que diraient les prêtres qui interprétaient le ciel, rendaient des oracles, répudiaient, détrônaient des rois, bouleversaient des empires, s'ils pouvaient aujourd'hui voir l'état d'abandon dans lequel se trouvent les objets de leur culte? Quelques siècles, un instant par rapport à l'éternité, ont suffi pour enlever jusqu'au souvenir de pratiques et de croyances religieuses qui devaient être éternelles! Quel profond sujet de méditations!

Faisons-le observer, il est remarquable de voir à quel degré, sous la puissance de Sésostris, s'est élevé le génie gouvernemental de l'Égypte; il sut associer aux idées religieuses la gloire militaire, l'amour de la patrie et le génie des artistes, qui, tout en glorifiant le maître de toutes choses, glorifiaient et divinisaient le Pharaon du jour, le demi-dieu sur terre; il sut donner aux arts tout l'éclat, toute la gloire qu'ils étaient susceptibles d'atteindre; aussi l'intelligence et le cœur ne peuvent-ils rien concevoir de plus grand, de plus noble et de plus majestueux que les merveilleuses excavations d'Ibsamboul.

Si ce temple était dégagé, il se refléterait directement dans les eaux du Nil, et l'on retrouverait, dans la partie encore cachée du monument, des renseignements précieux pour l'histoire.

J'ai tenté de représenter ici une flotte égyptienne abordant aux temples d'Ibsamboul. Les barques, qui ont quelque analogie avec les jonques chinoises, sont dessinées d'après celles conservées dans les tombeaux des anciens Pharaons, notamment dans celui de Rhamsès Meïamoun, considéré comme le père de Sésostris.

Vue des temples d'Ibsamboul et d'une flotte égyptienne abordant à ces temples [3].

[1] On y déposait peut-être la barie sacrée représentée sur les parois du sanctuaire, puisqu'en général on représentait sur les parois des salles ce qui se faisait dans ces mêmes salles.

[2] Deux raisons principales semblent avoir guidé les Égyptiens dans leurs monuments spéos : d'abord la durée incontestable, qui s'allie si bien aux idées religieuses; puis le besoin de se dérober aux ardeurs du soleil et de remercier, au centre de la terre, la terre elle-même, sur laquelle l'homme sage doit trouver tous les éléments de bonheur.

[3] Les prêtres dirent à Hérodote que Sésostris fut le premier Pharaon qui s'embarqua sur une flotte composée de longs vaisseaux ; qu'il partit du golfe Arabique et soumit les peuplades habitant les côtes de la mer Érythrée.

Pour voyager sur le Nil, il y avait un officier de navigation, un directeur pour le vent et un timonier ou chef de gouvernail ou de grandes rames. Le maître, sa femme et ses enfants occupaient une chambre sur le pont éclairée par des fenêtres vitrées en verres de couleur. Le voyage exigeait, en sus des canges militaires, plusieurs canges pour un nombreux personnel. On voit la barque du harem (extraite de Beni-Hassan), celles des officiers et des serviteurs, mariniers, rameurs, boulangers, charpentiers, ébénistes, baladins, femmes à linge, et d'une foule de subalternes attachés à chaque branche de service.

Les plus anciens prêtres de Thèbes dirent à Germanicus, qui visitait la vallée du Nil, que les inscriptions hiéroglyphiques donnaient des notions sur l'état ancien de l'Égypte, sur ses forces militaires et sur ses revenus; que ces notions se rapportaient particulièrement à l'époque où le roi Rhamsès, soumettant à la fois la terre et les mers à la tête de 700,000 combattants, fit la conquête de la Libye, de l'Éthiopie, d'une partie de l'Asie, et pénétra, par la Médie et la Perse, jusque dans la Bactriane, la Scythie, l'Arménie et la Cappadoce.

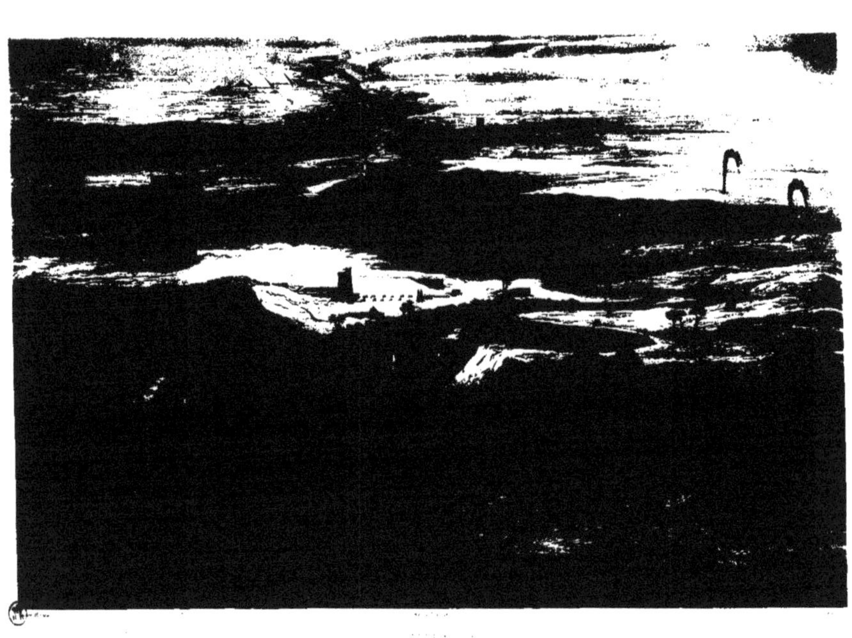

Sur la rive droite du Nil, un peu au-dessus d'Ibsamboul, est un spéos dédié à Toth (divinité des sciences et des arts) par le roi Horus, fils d'Amenophis III (Memnon). La façade, tournée vers l'Ouest, se compose d'un double perron, d'un palier en avant, de quelques marches couvertes par le rocher et d'une baie qui donne entrée à une salle à quatre colonnes; au plafond et sur les parois de cette salle, sont représentés quelques ornements, le Christ et saint Georges à cheval. Ces peintures chrétiennes sont faites sur un enduit de terre recouvert de chaux qui, en tombant de vétusté, laisse aujourd'hui reparaître les anciennes sculptures et peintures égyptiennes.

Dans la vue intérieure ci-contre, on aperçoit les deux entrées des salles latérales et les sièges qui existent sur les trois côtés et à la base des colonnes. A droite et près des degrés du sanctuaire, on remarque deux petits bassins; le plus grand, en contre-bas du plus petit, a un trou au milieu. Le sanctuaire ne contient que les restes informes de la statue assise de Toth, deux petites niches sur les parois de droite et de gauche, et une fosse ouverte à feuillure donnant accès à une deuxième fosse refouillée en dessous du sol.

Plan, coupe et vue intérieure du temple de Ghebel-Addeh.

Au-dessus de Ghebel-Addeh, sur la même rive et après avoir traversé les ruines d'une bourgade abandonnée, on voit les montagnes de grès de Maschakit, remarquables parce qu'elles sont fendues à leur sommet et qu'elles semblent avoir été formées par des soulévements internes de notre globe.

La petite gravure ci-dessous représente ces montagnes; on remarque, dans celle dont le sommet semble vouloir se détacher et à l'endroit où est un petit Nubien, deux petits bas-reliefs d'offrandes, puis une surface parementée qui devait recevoir un bas-relief ou être la face d'un monument spéos, et la petite chapelle spéos représentée au-dessous.

Cette petite chapelle fut dédiée à Anoukis (Vesta égyptienne) et aux autres dieux protecteurs de la Nubie par un prince éthiopien nommé Pohi, qui fut gouverneur de Nubie. Ce prince, qui vivait sous le règne de Rhamsès le Grand, est représenté à genoux sous ces deux aspects; il supplie la déesse de permettre « que le conquérant foule les Libyens et les nomades sous ses sandales à toujours. »

Après les montagnes de Maschakit, on voit, sur la rive gauche, une verdoyante campagne que la chaîne libyque abrite contre les mauvais vents et contre les envahissements du sable. Au Sud de cette admirable végétation, on trouve Faras, petit village où l'on voit les restes de portes égyptiennes, un mur de soutenement construit par assises à lits courbes (semblables à ceux représentés planche n° 31), des bornes, des fûts de colonnes en granit et une petite chapelle spéos au-dessous de ruines en briques crues.

Vue des montagnes de Maschakit en regardant le Sud.

Retenu par le vent contraire à Faras, j'allai visiter, à l'Ouest et à une heure de marche dans le désert, une dizaine de salles sépulcrales creusées dans la chaîne libyque, communiquant les unes aux autres, quoiqu'elles soient de hauteurs, de dimensions et de niveaux différents; la plus grande de toutes est décorée d'une frise linéairement tracée en rouge et contenant des noms grecs dans des ronds enlacés.

Au-dessus de Faras et sur la même rive, on voit trois ruines en briques crues; celle qui est le plus au Sud m'a paru la plus intéressante. C'est une église copte dont la voûte est tombée; dans le fond, qui est tourné à l'Est, on voit encore l'autel circulaire au-dessus duquel est peint, dans la voûte, le Père Éternel assis, tenant un drapeau : à droite et à gauche de l'autel, sont deux

Vue intérieure de la chapelle dédiée à Anoukis.

colonnes en grès, dont les chapiteaux sont renversés; derrière elles, sont deux portes communiquant à deux petites salles ou sacristies. Une petite chapelle voûtée occupe, au Nord, la place de l'entrée principale; deux petites portes latérales desservent à elles seules toute l'église, l'une était pour les femmes, l'autre pour les hommes.

Un peu au Sud de ces ruines et sur la rive droite, est Deberré, où, malgré toutes mes recherches, je n'ai pu trouver le bassin dont parle Champollion jeune, à moins que par ce bassin il n'ait voulu désigner un grand puits construit en pierre, chose rare dans ce pays; j'ai encore trouvé, dans mes recherches, un autre puits qui peut avoir 4 mètres de diamètre interne.

35

Un peu avant Ouady-Halfa, sur la rive gauche, se trouvent les ruines de l'ancienne Beheni, parmi lesquelles on distingue trois édifices : le premier, le plus au Nord, ne se compose aujourd'hui que d'une petite salle carrée de 8 mètres de côté, construite en grès et sans sculptures; le deuxième est un temple dédié à Horammon (Ammon générateur). Les murs d'enceinte sont construits en grandes briques crues. Ce temple, qui se compose de piliers et de colonnes taillées à facettes, fut élevé sous le roi Amenoph II, fils et successeur de Thouthmosis III (Mœris). Champollion jeune a trouvé dans ces ruines deux intéressantes stèles : l'une, portant un acte d'adoration et la liste des dons faits au temple par le roi Rhamsès I", avec trois lignes ajoutées dans le même but par son successeur; l'autre, trouvée à la place du sanctuaire et aujourd'hui en Europe, représente le dieu Mandou, une des grandes divinités de la Nubie, conduisant et livrant au roi Osortasen, tous les peuples de la Nubie attachés par des liens dont le dieu remet les extrémités dans les mains du Pharaon. Les noms de ces peuples sont inscrits dans des cartels attachés à douze figures agenouillées et les bras liés, personnifiant ces mêmes peuples sous les noms de Schanik, Osaou, Schöar, Oscharkin, Kos; les autres noms sont effacés. Le troisième édifice, le plus au Sud-Est, est un grand temple; ses murs d'eceinte sont aussi en briques crues : on voit encore les piliers, les colonnes et les montants de portes en grès qui furent élevés sous le règne de Thouthmosis III. Autour de ces ruines, on voit des portions de murailles, des débris de poterie de l'ancienne Beheni, ville frontière qui a dû être importante au temps des Égyptiens, puisque, de ce point, ils avaient à tenir en respect les populations supérieures toujours insoumises. Ouady-Halfa, sur la rive droite du Nil, touche à la deuxième cataracte, qui est à 45 lieues plus loin que la première. Ce village, au milieu de beaux dattiers, contient des okels, des enclos pour parquer les bestiaux venant de Dongola ou du Sennar. La population, toute flottante, peut être évaluée à 500 individus habitant de mauvaises cahutes en terre. Près d'Ouady-Halfa, il y a deux îles, celle de Gueguessab et celle de Muogis, assez bien cultivée.

Arrivé à la deuxième cataracte, but de mon voyage et de celui que j'ai entrepris de faire faire à mon lecteur, je laissai quelques hommes démonter le mât de ma barque désormais inutile pour redescendre le Nil, et j'allai, sur la rive droite du fleuve, à une lieue au Sud d'Ouady-Halfa, me placer sur le rocher d'Abousir, élevé de 40 mètres environ au-dessus du Nil.

Il est difficile, impossible même d'exprimer les impressions produites par la deuxième cataracte, la plus forte des vingt-deux que le Nil doit franchir avant d'aller se perdre dans la Méditerranée. Le mugissement des eaux au milieu des roches de granit s'opposant de toute part au passage du fleuve sacré; quelques îlots de terre, protégés par des masses granitiques et nourrissant des arbrisseaux qu'on s'étonne de voir au milieu d'un conflit d'éléments si divers; tout, jusqu'à la solitude, porte le voyageur à la méditation. Si du haut du rocher d'Abousir on jette ses regards à l'horizon vers le Sud, on n'aperçoit qu'une nature morte, des rochers, du sable, et pourtant, au delà, il y a encore d'anciens monuments à explorer, de curieuses peuplades à étudier, celles qui probablement peuplèrent le monde entier. De ce point, je réfléchissais qu'en huit jours on pouvait atteindre Dongola, en trente le Kordofan, en quarante-six Kartoum, et en soixante peut-être l'Abyssinie; mais, me disais-je, outre les peines et les privations qu'il me faudrait supporter de nouveau, je laisserais encore inexplorés le fleuve Blanc et le fleuve Bleu, les sources du Nil... Le monde est trop grand et la vie trop courte. J'avais assez fait pour ma curiosité, je voulais satisfaire mon cœur; seul, privé depuis longtemps de nouvelles de France, je ne songeais plus qu'à revoir mes amis. Heureux d'avoir atteint, sans accident grave, le terme de mon exploration, je mis sur le rocher d'Abousir mon nom au-dessous de ceux de MM. Huyot et Goury, dans l'espoir de procurer quelque jour, à ceux qui viendront après moi, le plaisir que j'éprouvai en trouvant dans cette solitude les noms d'honorables confrères gravés sur cette colonne d'Hercule de tant de voyageurs. Courant avec bonheur à ma barque, je commençai mon retour, qui me permit, en revoyant la vallée du Nil, de compléter la collection de dessins que je viens d'offrir au public.

Vue de la deuxième cataracte.

FRONTISPICE RÉTROSPECTIF.

CONSIDÉRATIONS SUR LA NUBIE ET SUR LE NIL.

Carte d'Égypte et de Nubie d'après le nouveau système de gravure de M. Racy.

Cette vue rétrospective de l'Égypte et de la Nubie est l'inverse de celle que nous avons donnée en tête de l'ouvrage : tout y est conventionnel, les distances n'ayant pu y être observées. La carte ci-jointe, donnée comme correctif des deux vues, fera connaître la position exacte et les distances relatives des localités remarquables connues jusqu'ici dans la vallée du Nil.

Après le rocher d'Abousir et la deuxième cataracte qui sont au premier plan, on voit, à droite, le village d'Ouady-Halfa, les montagnes de Maschakit et Ghebel-Addeh ; puis, à gauche, les temples d'Ibsamboul ; à droite, Derri ; et, au-dessous d'Ibsamboul, vers le fleuve, Amada, Asséboua avec ses pylônes, Korti ; le temple de Dakké, plus éloigné du Nil ; Guirché, à moitié caché dans la chaîne libyque ; Dandour, qui se détache sur le fleuve ; Kalabsché, dont les pylônes vus de côté sont précédés d'une terrasse sur le Nil (le petit temple spéos de Beyt-Oually, qui vient après, ne peut s'apercevoir) ; puis Taffa, Maharraka, les carrières de Kartassy et son petit temple à jour ; enfin le temple et les trois portes de Deboud : monuments tous situés sur la rive gauche du Nil, en avant de l'île de Philæ, qui occupe le centre du tableau. Vient ensuite la première cataracte, barrage naturel de noirs rochers après lesquels on entre dans la haute Égypte (Saïd), où se trouvent Silsilis, Koum-Ombos, Edfou avec ses grands pylônes, Esné et Thèbes, qui, avec les ruines du Luxor et de Karnac sur la rive droite ; celles d'Herment, de Médinet-Abou avec ses colosses ; le Rhamesséïon et Gourna, avec la nécropole et la vallée des rois sur la rive gauche, occupent toute la largeur du tableau. Après Thèbes, on voit Denderah et Syout en avant du canal Yousouf ; puis, dans la moyenne Égypte (Ouestanieh), on aperçoit Beni-Hassan, les célèbres pyramides et le Caire. Enfin, dans la basse Égypte (Bahari) est situé le Ventre de la vache ou tête du Delta arrosé par les deux branches du Nil, celle de Damiette qui débouche près du lac Menzaleh, et celle de Rosette qui se perd dans la mer, entre les lacs Etkou et Bourlos, qui alimentent le canal d'Alexandrie. Cette dernière ville se détache sur la Méditerranée ; à sa droite sont les cinq autres bouches (bogas) par lesquelles le Nil se jette dans la mer. Enfin, au-dessus de quelques trombes de sable, on aperçoit la mer Rouge et l'isthme de Suez qu'il serait si nécessaire de couper pour faciliter les relations commerciales de tous les pays et hâter la civilisation du monde.

La basse Nubie, que nous venons de parcourir, n'est autre chose qu'une portion de la vallée du Nil et ne diffère de l'Égypte que parce qu'elle est plus ensablée, plus déserte, et parce que l'on ne rencontre pas le calcaire dans sa constitution géologique ; le granit et le grès y alternent seuls. Le climat y est d'une égalité rare ; le fleuve n'y gèle jamais ; la pluie, la neige, le froid y sont inconnus ; la végétation n'y dépouille jamais sa verte parure ; on y voit le tamarix (arbre sacré des anciens) ; les animaux sauvages y abondent ; la race humaine elle-même y serait heureuse et puissante, si l'incurie et l'avarice de ses maîtres ne l'avaient depuis longtemps appauvrie et dégradée, même à ses propres yeux. On compte à peine, en Nubie, 20,000 habitants, rapportant, année moyenne, 20,000 piastres turques (environ 5,000 francs) ; mais en observant, toutefois, que les troupeaux appartiennent aux tribus indépendantes des Ababdehs et des Bischaris.

Le Nil, père nourricier de l'Égypte, ou plutôt de toute la vallée qu'il parcourt, a été de tout temps, par sa crue plus ou moins abondante, le régulateur de la richesse publique, la base de l'impôt : les anciens Égyptiens l'adoraient et le divinisaient sous le nom d'Osiris; ils réglaient leurs années par le retour périodique et régulier du phénomène de l'inondation et par les lunes [1].

La merveilleuse inondation périodique du Nil dépose annuellement, en août, sur toutes les terres qu'elle recouvre, un précieux limon fertilisateur. A cette époque, la plaine poudreuse et crevassée, lors de l'étiage, devient un lac si vaste, que les Arabes l'appellent Bahr-el-Nil (la mer Nil) : on voit les chaussées et les villages surgir des eaux comme un archipel. Aujourd'hui les canaux, le lac Mœris et la mer sans eau, destinés à maîtriser l'inondation et à ménager les eaux, élément indispensable de l'agriculture, ne fonctionnent malheureusement plus; il en résulte de grands ravages. Le fleuve débordé entraîne au loin tout ce qui s'oppose à son passage, hommes, animaux, monuments; les terres qu'il a précédemment déposées sur les rives sont minées, elles tombent avec le fracas des avalanches dans le fleuve, qui les roule de nouveau pour les déposer plus loin vers le Delta [2].

La rapidité du courant varie suivant la direction, l'étendue, la profondeur du fleuve ou l'intensité du vent, mais surtout suivant le degré d'inondation. Le courant peut être évalué, en moyenne, à trois milles à l'heure, lors de la crue, et à deux milles seulement, lors de l'étiage [3].

La navigation se fait de plusieurs manières : à l'aide d'un tronc d'arbre, sur une ou deux bottes de joncs transportables, sur un radeau (quelquefois en poterie); à la cordelle, à la rame ou à la voile. Depuis quelques années, on parcourt le canal Mahmoudieh à l'aide de chevaux de poste, et la vapeur elle-même est venue sillonner le Nil en service régulier depuis l'Atféh jusqu'au Caire. Le vent, qui, dans la vallée du Nil, est presque toujours Nord-Ouest, facilite beaucoup la navigation ascendante à la voile (voyez page 4). Le vent du Sud ne soufflant jamais, la voilure et la mâture sont abattues pour redescendre le Nil, et, lorsque le vent contrarie trop le courant, quelques navigateurs emploient un moyen pratiqué par les anciens et qui consiste à plonger dans le fleuve les voiles, qui, par ce procédé si simple, offrent au courant la même prise et le même appui qu'elles offrent d'ordinaire au vent. Un narrateur est presque toujours sur les barques, pour occuper et charmer les loisirs des hommes de l'équipage lorsque le vent suffit à la navigation. (Voyez des barques, pages 4, 10, 11, 24, 33.)

Le Nil a été, de tout temps, l'objet des observations et des investigations des hommes : au temps d'Hérodote, le père de l'histoire, qui vivait au V⁵ siècle av. J. C., on s'enquérait déjà de ses sources; Diodore raconte aussi que les habitants de Méroé les ignoraient au point d'appeler le Nil Astape (fleuve des ténèbres) : on découvrit seulement le Nil bleu et le Nil blanc ou jaune, qui, après avoir l'un et l'autre reçu le tribut d'une multitude de petits ruisseaux, se réunissent pour former le Nil proprement dit [4].

J'arrive à la fin de ma tâche; j'oublie toutes les peines de mon exploration et celles de ma publication, qui n'est malheureusement pas à la hauteur du sujet, bien que j'aie fait tout ce qui dépendait de moi pour intéresser par les yeux et par l'intelligence. Si pourtant mes images coordonnées et pittoresquement présentées rappellent un peu la vallée du Nil à qui l'aura visitée, si mes restaurations, que j'ai cherché à baser sur des données positives, présentent quelque intérêt et si mon texte n'est pas trop au-dessous de la science archéologique acquise, je m'estimerai heureux en pensant que peut-être je contribuerai à éveiller les sympathies des hommes éclairés pour l'intéressante vallée du Nil et à augmenter le nombre des explorateurs de cette mine inépuisable : alors, après la Providence, qui m'a permis de revoir mon pays, je remercierai mon ami Eugène de Laglandière, qui m'a mis à même d'entreprendre mon voyage, Champollion jeune, la vapeur, le Nil, et surtout mes souscripteurs, envers lesquels je conserverai une éternelle reconnaissance; je me fais un doux plaisir de leur offrir un bouquet de palmiers.

---

[1] La régularité de ce phénomène terrestre résulte de la régularité d'un phénomène céleste. On a remarqué que les pluies commencent, dans l'Afrique centrale, lors du passage du soleil sous le tropique. Le Nil est fort aux jours longs et faible aux jours courts (voyez la gravure de l'année égyptienne, verso 28.) Sénèque dit qu'à certaines fêtes, lors de la crue du Nil, faveur divine dont tout dépendait, on jetait un présent d'or dans son sein, près de Philæ, et à tous les endroits où l'on signalait les premières approches de l'inondation et qu'on appelait veines du Nil; cette sorte de pacte entre la nature et les hommes se faisait aussi à Venise, lorsque le doge jetait un anneau de fiançailles dans l'Adriatique.

[2] Le barrage, vainement tenté jusqu'ici à la tête du Delta, nommée le Ventre de la vache, s'exécute en ce moment (1846) sous les ordres et suivant le projet de l'ingénieur français Mougel.

[3] L'ingénieur Giraud mesura, à Silsilis, le volume d'eau du Nil; à l'étiage, il trouva quatre fois le volume des moyennes eaux de la Seine. Clot-Bey dit qu'à Syout, à demi-distance de la première cataracte aux bogas, le Nil a 380 mètres de large à l'étiage et 760 mètres superficiels de section; ce qui, avec le moyen parcours d'une demi-lieue à l'heure, donnerait 2,443,283,200 : ce cube d'eau est ordinairement triplé lors de l'inondation.

En 24 heures.	Basses eaux, branche de Damiette. . . .	79,532,551,728
	Id., branche de Rosette. . .	71,033,840,640
	Total.	150,566,392,368
En 24 heures.	Hautes eaux, branche de Damiette. . . .	478,317,838,960
	Id., branche de Rosette. . . .	227,196,828,410
	Total.	705,514,667,370

[4] On pense, avec raison, que ces sources sont alimentées par les pluies et les neiges des montagnes de l'Afrique centrale. Les eaux paraissent se réunir sur de vastes plateaux marécageux, situés au pied des montagnes, d'où les exhalaisons et les miasmes pestilentiels produits par les cadavres d'animaux, répandus dans l'atmosphère, ont toujours tenu les hommes éloignés.

LISTE DES SOUSCRIPTEURS DU PANORAMA D'ÉGYPTE ET DE NUBIE.

Sa Majesté LOUIS-PHILIPPE, roi des Français.
Son Altesse royale Monseigneur le DUC D'ORLÉANS (feu).

ANCEL,   propriétaire.
ARTHUS BERTRAND,   libraire.
AUDIFFRED,   avocat, voyageur en Orient.
BADETTI,   négociant à Marseille.
BELLIZARD,   libraire.
BERTIN (Armand),   gérant du Journal des Débats.
BEUDOT,   libraire.
BIGAND,   peintre, voyageur en Orient.
BODMER,   peintre, voyageur en Orient.
BORGET,   peintre, voyageur en Orient.
BORTIER,   propriétaire.
BOSSANGE,   libraire.
BOUCLIER,   voyageur en Orient.
BOUDET (Félix),   professeur de chimie.
BOUGEARD,   imprimeur en taille-douce.
BOURDON,   peintre, voyageur en Orient.
BOVY (Charles),   compositeur de musique.
BROCKHAUS,   libraire.
CAILLIAT,   architecte.
CARILIAN,   libraire.
CAVELIER,   statuaire, pensionnaire de Rome.
CHERUBINI,   voyageur en Orient.
CHAMPOLLION (Figeac),   conservateur à la bibliothèque royale.
CLOQUET (Jules),   professeur à la faculté de médecine.
CONTANT,   mécanicien.
CORNUDET (comte),   conseiller d'État.
CUNIN-GRIDAINE,   ministre de l'agriculture et du commerce.
DAILLY,   maître de poste à Paris.
DALY,   architecte.
DANTAN,   professeur de langues orientales.
DAVID (Félicien),   compositeur de musique.
DEBRET,   architecte, membre de l'Institut.
DENIS,   président de la Société orientale.
DESCROIZILLES,   ingénieur civil.
DESGRANGES aîné,   interprète du roi pour les langues orientales.
DUBAN,   architecte.
DUBOIS,   conservateur au musée de Paris.
DUBOSC,   ex-notaire.
DUFOUR,   libraire.
DUPEYRAT,   architecte.
FALEMPIN,   avocat.
FONTAINE,   architecte du roi, membre de l'Institut.
FOULD (Louis),   banquier.
GARNAUD,   architecte.
GAUTHIER D'ARC (feu),   consul.
GIHAUT,   éditeur.
GIRAUD DE PRANGEY,   voyageur en Orient.
GIRAUD,   peintre, voyageur en Orient.
GLIDDON,   ex-consul américain en Egypte.

GODEFROID (Félix),   compositeur de musique.
GOSSELIN (Mlle Olympe).
GRILLON,   archit., membre du conseil municip. de Paris.
GROHÉ frères,   ébénistes.
HACHETTE,   libraire.
HENRY,   archiviste de Toulon.
HIGHT,   voyageur en Orient (de New-York).
HIMELY,   graveur.
HOMMAIRE DE HELL,   voyageur en Orient.
HUGO (le comte Abel),   vice-président de la Société orientale.
JOHN,   architecte à Londres.
JUGE,   architecte.
LAGLANDIÈRE (feu Mme de).
LARIVIÈRE (Mlle Lucie).
LEBAS,   ingénieur (obélisque de Luxor).
LELEUX,   éditeur.
LELOUTRE, née MIEL (Mme).
LEMESLE,   avoué.
LÉONARD,   propriétaire.
LEREBOURS,   opticien.
LETRONNE,   conservateur des archives du royaume.
LINDER,   de Bâle.
LOTERIE DU MONT CARMEL,   ouvrage offert par l'auteur.
MAC-CARTHY,   géographe.
MALICET,   voyageur en Orient.
MANCEL,   médecin.
MARTIN (du Nord),   garde des sceaux.
MONTULÉ (Léon de),   négociant.
MOREAU (de Tours),   médecin, voyageur en Orient.
MOROT,   voyageur en Orient.
OLLIVIER,   graveur.
PANIS (Mme la Ctesse de).
RENDU (Victon),   inspecteur général de l'agriculture.
RENOUARD,   libraire.
ROCHET D'HÉRICOURT,   voyageur en Orient.
ROQUENCOURT, née DUBAN (Mme).
ROUGEVIN,   architecte.
ROGIER,   peintre, voyageur en Orient.
SAUSSINE,   architecte.
SAINT-CERAN (de),   voyageur en Orient.
SOCIÉTÉ ORIENTALE,   ouvrage offert par l'auteur.
TACONNET (Eugène),   voyageur en Orient.
TAYLOR (le baron),   voyageur en Orient.
THIERRY,   architecte.
TIPPEL,   consul, anciennement en Egypte.
TISSOT,   membre de l'Institut.
TITEUX (feu),   architecte, pensionnaire de Rome.
TRAVERS,   entrepreneur.
VATOUT,   député, président du conseil des bâtim. civils.
VILLIERS,   membre du conseil général du Loiret.
VIVENEL,   architecte.
ZIMMERMANN,   professeur au Conservatoire.

ERRATA.

Page 3, *au lieu de* Naucratis, *lisez:* Rhacotis.
A la gravure de la page 30, *au lieu de* Korti, *lisez:* Maharraka.

Page 16, *au lieu de* celle sacerdotale, *lisez:* la caste sacerdotale.
Page 20 (dans la note), *au lieu de* pscheurs, *lisez:* pschents.

1846.

Horeau, Hector

*Panorama d'Egypte
et de Nubie*

1841

Gr Fol 03 b 425

www.ingramcontent.com/pod-product-compliance
Ingram Content Group UK Ltd.
Pitfield, Milton Keynes, MK11 3LW, UK
UKHW020004100726
13658UKWH00002B/801